中国旅游集团发展报告 2012

——中国旅游投资：主体、模式与业态

Annual Report of China Tourism Groups Development 2012

中国旅游协会
中国旅游研究院

北京·旅游教育出版社

《中国旅游集团发展报告2012》
编委会

主　任：杜　江　吴文学
副主任：戴　斌　蒋齐康
编　委（按姓名音序排列）
　　　　保继刚　戴　斌　李天元　马　波　马耀峰　田　里
　　　　肖洪根　谢彦君　张凌云　郑向敏　周玲强

《中国旅游集团发展报告2012》
编写组

主　　编：戴　斌
执行主编：蒋艳霞　杨彦锋
编 写 组：蒋艳霞　杨彦锋　李仲广　杨宏浩　陈　旭　吴丽云
　　　　　战冬梅　何琼峰　龙　飞　夏　秋

目 录
CONTENTS

在 2012 中国旅游发展论坛上的讲话（代序） ········· 杜 江 1
旅游投资的空间、业态与模式选择 ················· 戴 斌 3

第一编　中国旅游集团发展报告

第 1 章 旅游投资现状 ········· 2
　1.1　发展历程 ········· 3
　1.2　发展成就 ········· 8

第 2 章 旅游投资主体 ········· 15
　2.1　国有旅游集团 ········· 15
　2.2　民营旅游集团 ········· 18
　2.3　中央和地方政府 ········· 20
　2.4　外资公司 ········· 22

第 3 章 旅游投资模式 ········· 26
　3.1　景区投资模式 ········· 27
　3.2　饭店投资模式 ········· 30
　3.3　旅行社投资模式 ········· 32

第 4 章 旅游投资业态 ········· 37
　4.1　景区 ········· 37
　4.2　饭店 ········· 39
　4.3　旅行社 ········· 40
　4.4　旅游电子商务 ········· 42
　4.5　邮轮游艇 ········· 44
　4.6　旅游演艺 ········· 45
　4.7　旅游综合体 ········· 46

4.8　旅游装备制造 ………………………………………………… 47
　　4.9　廉价航空 ……………………………………………………… 48
　　4.10　旅游租车 ……………………………………………………… 50
第5章　旅游投资展望与政策建议 ………………………………………… 52
　　5.1　旅游投资发展趋势 …………………………………………… 52
　　5.2　推进我国旅游投资发展的政策建议 ………………………… 55
参考文献 ……………………………………………………………………… 59

第二编　中国旅游发展论坛专文

当前和今后一个时期的宏观经济走势　张燕生 ……………………………… 62
旅游行业投融资与并购案例　陈　宏 ………………………………………… 67
投融资战略与开元旅业的多元化成长　陈妙林 ……………………………… 76
旅游投融资的经典案例介绍　刘泽辉 ………………………………………… 80
旅游行业投融资过程中财务关注事项　卢鹍鹏 ……………………………… 87
海航旅业旅游产业投资布局　张　岭 ………………………………………… 91
旅游投资的创新战略　费淳路 ………………………………………………… 105
让资本牵手美丽，共建国际高端旅游休闲目的地　李学民 ………………… 108

第三编　中国旅游集团调研报告

2012年第一季度综合旅游企业经济运行报告 ……………………………… 114
2012年第二季度综合旅游企业经济运行报告 ……………………………… 128
2012年第三季度综合旅游企业经济运行报告 ……………………………… 143
2012年第四季度综合旅游企业经济运行报告 ……………………………… 156

在 2012 中国旅游发展论坛上的讲话

（代序）

国家旅游局副局长　杜江

尊敬的各位代表：

首先请允许我代表国家旅游局对各位光临论坛表示欢迎，对浙江省旅游局、浙江旅游集团为大会提供资金安排表示感谢，同时也对论坛的举办表示热烈的祝贺！

最近在网上搜索热词，十八大必在其列。大家都在学习十八大，我也在学习，在学习过程中我读到了"四个建设"和重大机遇。

十八大报告提出建设小康社会，也叫建设小康中国，报告中明确要立足于拉动内需这个战略基点，旅游对于拉动内需具有巨大的潜力和作用。大家回想刚刚过去的十一"黄金周"可以想象旅游成长有很大的空间，我也坚信在未来的旅游黄金发展期内，旅游行业依然面临着巨大的发展机遇。在十八大报告中我还读到另一个中国，要建设幸福中国。现在人类的发展进程证明这样一个现象，如果没有旅游、没有休闲，可以说生活幸福并不圆满。要建设幸福中国，旅游和休闲一定是非常重要的因素，换句话说，我们对国民实现幸福生活、建设幸福中国承担巨大责任。从十八大报告中我还解读到我们要建设美丽中国。旅游是一个资源消耗小、对资源保护能力强的行业，多年来我们一直在积极倡导和推动绿色旅游和生态旅游，我们通过旅游的功能向全社会、向国民宣传生态理念，推进环境保护作用，建设美丽中国也是大有可为。我还从十八大报告中读到要建设自信中国。理论的自信、道路的自信、制度的自信，我们旅游人有理由自信地站在全球旅游行列之中。我们旅游的总体规模、在全球旅游的竞争力，特别是近年来蓬蓬勃勃、方兴未艾的公民出境旅游等，都为我们在全球的布局、参与全球旅游分工与合作提供了难得的机遇和空间，这些是我们旅游企业集团应该抓住的很好的机遇。

四个建设,我不敢叫四个中国,因为只有一个中国,四个建设让我们看到了巨大的发展空间,看到了巨大的发展机遇,这些空间和机遇是赋予旅游业的,而旅游业是由每一个企业组成的,因此事实上更是赋予每一个企业、企业家的。希望更多的旅游企业和企业家能够抓住机遇,成为敢于担当的企业和企业家。什么叫敢于担当,相信大家都明白,不需我过多地解释。

最近这些年来,旅游投资对于旅游业发展的拉动作用是显而易见的。我们高兴地看到,近年来,无论是中央政府还是地方政府为推动旅游投资都做了一系列有益的工作、采取了一系列有效措施。但我依然希望借本届论坛的机会对各级政府呼吁:第一,呼吁各级政府优化制度环境,为旅游企业投资创造更便捷、更方便、更宽松的环境,为旅游业发展助力;第二,呼吁各级政府优化资源配置,引导国有企业更多地投资于公共设施和基础设施,为民营资本和外来资本在市场化运作方面提供更广阔的空间;第三,呼吁各级政府优化主体结构,在支持大型企业发展的同时,也能为小、微企业的发展创造良好的环境、制定良好的政策。

总之,未来旅游业的发展空间无限、机遇无限,我希望企业家们把握机遇、敢于担当,我也希望各级政府把握机遇、敢于作为。

谢谢各位!

旅游投资的空间、业态与模式选择

中国旅游研究院院长　戴斌

尊敬的国家旅游局杜江副局长，

各位业界同仁，

上午好！

回顾过去三十余年旅游经济发展进程中的投资行为，我国先后经历了市场需求和观光资源的存量释放、主题公园与旅游饭店等单体旅游接待设施建设、旅游综合体投资、区域旅游目的地系统开发等发展阶段，旅游业界对投资的认识也逐渐从自发、直觉、分散走向自觉、理性和集中。在港中旅、华侨城、首旅等国有旅游集团，开元、携程、如家、去哪儿等民间投资的旅游集团之外，近年来有越来越多的战略投资者、金融机构、产业基金和风险投资者开始进入旅游领域，并以其专业能力和商业行为影响产业走向。在旅游消费的规模、结构和消费行为发展趋势日渐清晰，国家战略和产业政策稳步推进的时代背景下，投融资将成为左右旅游经济运行格局的关键力量。

尽管今天与会的各位同仁都是旅游业界的领导者，我还是想对我国旅游经济的基本面做一概要的介绍。这是因为一旦我们跳出具体项目运作的微观层面，那么包括投资在内的商业活动必须，也应当与消费需求和旅游市场的基本面保持一致。当前我国旅游经济正处于国民消费主导的大众化发展的初级阶段向全面发展阶段的转折期。2011 年，国民人均出游率首次突破 2 次，全部市场规模高达 26.4 亿人次，旅游收入 1.93 万亿元。预计今年将超过 30 亿人次，收入 2.3 万亿元。相比同期的 1.35 亿人次的入境旅游，可以说国民大众已经成为旅游市场的绝对主体，旅游也日渐成为老百姓日常生活的重要组成部分。随着全面小康社会的建成，旅游业的发展前景将是不可限量的。前几天我与中国旅游研究院产业所的同事对 2020 年的旅游市场做了一个初步的预测，国内、出境和入境过夜旅游人次分别为 60 亿、2 亿和 1.1 亿，这将是一个多么令人充满信心的市场空间啊。在看到绝对数量的同时，还需要关注消费结构和消费模式变迁所带来的挑战。由于带薪休假还没有完全落实到位，旅游消费在时间和空间上的高度集中问题一直得不到有效的解决，旅游经济长期处于供给不足和需求不足阶段性交替运行的格局，加上大众旅游发展初级阶段人均消费量偏低——平均每人次旅游消费只有771元，今年的中秋、国庆"黄金周"期间只有425元，从而给旅游投资和相关的资源配置带来了现实的挑战。这就需要投资主体、旅游运营商和各级政府共同努力，引导旅游经济平稳有序地运行，可持续地发展。

希望有更多的战略投资者进入旅游领域，与旅游资源富集、客源增长潜力大的地方政府合作，共同培育高品质的旅游目的地。目的地的培育不是建若干个景区和一批高星级酒店那么简单，而是广泛涉及到游览、住宿、餐饮、娱乐、购物、内部交通等商业接待子系统，也涉及到目的地形象构建、客源地推广、产品营销、区域间交通等客源集散子系统，还有旅游问询、旅游解说、安全救援、投诉受理、人力资源培训、政策配套、行政协调和区域协作等公共服务与公共管理子系统。现在旅游目的地，特别是中西部的旅游目的地缺的不是景区和酒店等传统的旅游项目，而是完整配套的旅游产业体系。在大项目驱动下的目的地成长模式中，旅游投资越来越集中于高尔夫球场、高星级酒店和高端旅游综合体等"三高"项目集群上。事实上，旅游投资者和运营商的商业视角完全可以更宽广一些。像北戴河新区、宁夏中卫市、甘肃敦煌市这样一些正在建设中的旅游目的地，还有成都、昆明、延安等相对成型的旅游城市，都正在致力打造完善配套的旅游产业体系。如果各地政府的规划能力能够与有实力的投资机构形成战略合力，市场空间将是很大的，生意可能是一代人都做不完的。

希望有更多的产业投资基金和金融机构在系统研究旅游产业存量的基础上，加强与旅游运营商的合作，在产业结构优化、商业模式创新和服务品牌创设方面有所作为。从统计数据看，全国共有包括1.4万家星级饭店在内的32万家旅游住宿机构和超过150万家的乡村旅游接待单位，正式注册运营的旅行社已经超过了2.3万家，纳入统计范畴的旅游景区也有2万余家，还有直接为游客提供服务的餐饮、娱乐、购物企业，已经形成了规模巨大和影响力广泛的旅游产业主体。现在的问题主要集中在三个方面，一是产业集中度不够，今年旅游集团20强入门门槛是31亿元的营业收入。二是企业品牌和服务品牌数量有限，影响力也不够大。三是产业链条还不够长，更多还是着眼于那些直接为游客提供服务的项目和业态，旅游装备制造业和文化创意、市场研究、产品研发、营销渠道建设等方面的投资力度小。表现在市场上就是投资项目过于集中在消费前端，企业资源过于集中在直接生产和服务环节，"橄榄型"的商业资源配置模式无法转向更加重视研发和营销的"哑铃型"。把旅游业培育成现代服务业，是既定的国家战略。怎么培育？注重信息技术的引进固然是必要的，我们还需要导入现代投资模式和商业运营模式，也可以说是用市场主体的现代化从根本上推动旅游服务和旅游产业的现代化。在过去的十年里，如家、七天、锦江之星、汉庭等经济型酒店品牌，携程、去哪儿、同程等在线旅游服务商的成长，很大程度上可以归因于技术模式和商业模式的创新——把其他商业领域中成型的模式导入到旅游产业也是创新。连锁经营的经济型酒店通过少量的投资盘活了大量闲置的住宿资源，下一步的投资创新方向之一可能与高速交通网络有关，比如航空、高铁起来了，到景区和商业区的"最后一公里"怎么解决？自驾车旅游需求兴起，汽车租赁、汽车旅馆、汽车导航、汽车保险、汽车救援等一系列旅行中的需求如何满足？私人投资为主的旅行社如何增加抵抗市场风险的能力？旅游娱乐项目如何更好地与文化创意相结合？旅游消费的时空集聚的问题如何解决？对这些问题的回答都是潜在的商业投资机会。

希望有更多的风险投资者能够着眼于国民大众的旅游休闲需求，与创业者和商业实践的创新者一道培育更多的旅游业态。随着越来越多的80后、90后的年轻人成为旅游消费的主力军，在互联网和移动通信环境下长大的他们，在《超级女声》、《非诚勿扰》、《江南Style》等娱乐节目中成长的他们，追求自主、自助和自由的旅行方式，表现在现实中就是"自由行"的消费模式和散客化的市场特征。围绕游客出发前对目的地信息的收集、整理和决策，围绕游客在目的地期间的生活方式，围绕游客在客源地、中转地和目的地之间的交通方式，创业、创新和投资的潜力巨大。客观地讲，传统的市场主体在满足现代旅游消费需求方面是力不从心的，而大量的中小企业、微型企业，还有千千万万的创业创新者却长期得不到政府部门和投资机构的有效关注，特别是缺乏有效的信息沟通渠道和直接交流平台。只有让投资主体特别是风险投资者和产业基金与充满生机与活力的创业创新者深度融合，才能够在基于移动互联网的旅行服务、消费点评、汽车租赁、精品酒店、旅游购物和娱乐产品开发等旅游衍生消费领域培育出新的商业形态，以满足国民大众不断增长且日渐变化的旅游休闲需求。

最后，我很荣幸地代表中国旅游研究院和中国旅游协会正式发布2012年度"中国旅游集团二十强"名单。按课题组监测统计的旅游集团年度合并营业收入总额排序，他们是中国港中旅集团公司、携程旅游集团、锦江国际（集团）有限公司、华侨城集团公司、北京首都旅游集团有限责任公司、海航旅业控股（集团）有限公司、中国国旅集团有限公司、南京金陵饭店集团有限公司、广州岭南国际企业集团有限公司、去哪儿网、上海春秋国际旅行社（集团）有限公司、杭州市商贸旅游集团有限公司、中青旅控股股份有限公司、开元旅业集团有限公司、同程网络科技股份有限公司、安徽省旅游集团有限责任公司、景域国际旅游运营集团、黄山旅游集团有限公司、大连海昌旅游集团有限公司、宝中旅游、华天实业控股集团有限公司。

谨向以上集团表示热烈的祝贺！并向所有致力于提升国民旅游福祉和实现旅游强国目标的企业家致以深深的敬意！

第一编
中国旅游集团发展报告

第1章 旅游投资现状

旅游投资是指在一定时期内，根据旅游业或旅游企业发展的需要，为获得收益而投放到某一旅游项目上一定数量的资金。旅游业的吃、住、行、游、购、娱每一个方面都需要投入必要的资金。对旅游投资研究来说，着重研究的是固定资产的投资。广义的旅游投资包括购买和建造固定资产的直接投资，也包括购买股票、债券等有价债券的间接投资。狭义的旅游投资主要是指固定资产投资，是把资金、实物、劳务投入到旅游开发项目，形成固定资产和流动资产的直接投资，如旅游基础设施建设、旅游景区开发、旅游购物网点建设、娱乐设施和服务的投资与开发等（见表1-1和表1-2）。在旅游交通（指旅游车船等交通工具，不包括道路建设）、旅游餐饮和旅游文化娱乐方面，旅游业并没有十分清晰的产业边缘，和社会供给联系非常紧密，随着整个社会交通、餐饮、文化供给的扩大基本可以满足旅游业的供给要求，因此，专门的投资比例不高。

目前各方面还缺乏对于中国旅游投资情况的直接统计资料，可以利用的关于投资方面的统计资料只有旅游业各年度的固定资产原值和固定资产净额（固定资产原值－累计折旧－减值准备）。从旅游投资的使用来看，旅游投资绝大部分将转化为行业的固定资产，但也会有很多资本转化为行业赖以维持和发展的管理和经营等其他费用，另外还会存在一些投资因为经营不善而退出旅游业的现象。因此，严格来说，旅游投资发生额要大于固定资产年度差额，但由于旅游投资总量统计有相当的难度，根据现在的统计能力，一般从年度固定资产总量的差额来估计投资总量。

表1-1 旅游投资类别

投资类别 概念	旅游饭店	旅行社	旅游景区	旅游交通	旅游餐饮	旅游文化娱乐
狭 义	●	●	●	—	—	—
广 义	●	●	●	●	●	●

表1-2 旅游投资形式

投资形式 概念	资金	实物	劳务	购买股票	购买债券	购买其他 有价证券
狭 义	●	●	●	—	—	—
广 义	●	●	●	●	●	●

1.1 发展历程

1.1.1 旅游投资发展历程

旅游业在我国的起步比较晚,改革开放后才有了真正意义上的旅游产业,并得到迅速的发展。从历史分析角度出发,我国旅游投资的发展历程可以分为四个阶段。

(1) 改革开放以前的旅游投资(1949—1978)

新中国成立后,由于政治、经济、社会等多方面的客观原因,旅游没有作为产业而是作为事业而存在发展,其性质只是外交工作的补充形式,属于政治接待型。这一时期没有真正意义上的旅游企业,旅行社等都为事业单位,投资的主要方向是饭店。1978年我国相当于星级的饭店有137家,客房15539间。北京有7家涉外饭店,能够接待外宾的床位5200张。

(2) 起步阶段(1979—1991)

改革开放之初,我国旅游业确立了"以入境旅游为先导,以赚取外汇为目的"的旅游产业发展战略,实现了从"外事接待型"向"经济创汇型"的重大转变。这一阶段优先发展国际旅游,并在政策、资源等多方面予以倾斜。1984年,中共中央书记处和国务院提出旅游基础建设采取"国家、地方、部门、集体、个人一起上,自力更生和利用外资一起上"的方针,并决定在"七五"时期直接由国家旅游局安排旅游基建投资25亿元,平均每年5亿元,用于加强旅游基础设施建设。

经过几年的建设,旅游基础设施和旅游接待设施有了很大的增长和改善,使得我国旅游业供不应求的紧张状况有所缓和。改革开放初期,我国旅行社行业由国、中、青三家垄断经营。到1989年末,全国共有一类旅行社61家,二类旅行社730多家,三类旅行社550多家,初步形成了功能比较齐全、档次基本合理的旅行社招徕客户、推销业务的网络。旅游涉外饭店获得较大发展,总体规模不断扩大,涉外饭店的数量从1978年的203家增加到1991年的2130家。这一时期饭店和旅行社由于其投资少、见效快,发展比较迅速,旅游景点和旅游景区由于其投资大,建设周期长,难以有效吸引市场投资,开发不足。

(3) 快速发展阶段 (1992—2000)

20世纪90年代后,国内旅游正式被提上议事日程。1992年邓小平发表南巡讲话和党的十四大之后,在国家大力发展第三产业的方针指导下,旅游业的关联带动作用日益得到重视。1998年我国政府将旅游业确立为国民经济新的经济增长点,标志着旅游业产业地位的再次提升。与此同时,入境旅游业也随着政治风波的烟消云散而得以迅速复苏,并重新进入高速发展的快车道。中国旅游业走上国际旅游、国内旅游两条腿走路的发展道路。

到2000年底,我国各种档次的旅游住宿设施已超过25万个,拥有客房580万间;拥有旅行社8993家,其中国际旅行社1268家,旅行社资产总额达到365.9亿元(见图1-2);我国的旅游交通状况大为改善,民航、铁路、高速公路、江河游船及城市交通等全面发展,旅游餐饮、旅游娱乐、旅游商品等也在旅游需求的刺激下不断有数量上的增长和质量上的提高;旅游从业队伍不断扩大,初步统计到2000年末全行业直接从业人员达550万人。

(4) 调整优化阶段 (2001年至今)

进入21世纪以来,我国旅游业继续保持快速发展态势。"十五"期间我国共有24个省(自治区、直辖市)将旅游业确立为支柱产业、先导产业或龙头产业,特别是西部大开发战略中,西部省区无一例外地把旅游产业作为重点发展的产业。2003年的"非典"加深了人们对旅游产业敏感性的认识,旅游企业的改制、重组、转让等开始加速,多元化经营战略开始实施,中国旅游业进入到调整优化阶段。2009年12月,国务院颁布了《关于加快发展旅游业的意见》,将旅游业定位为国民经济的战略性支柱产业和人民群众更加满意的现代服务业,明确提出"坚持以国内旅游为重点,积极发展入境旅游,有序发展出境旅游"的市场战略。

"十五"期间,我国完成旅游建设项目投资6257.73亿元,开工建设项目投资总额8281.5亿元。"十一五"期间,我国建设旅游项目共12697个,总投资17834.22亿元。2011年,全国共有旅行社、星级饭店、旅游景区等旅游企事业单位56342家,拥有固定资产原值约11705.7亿元(见图1-1)。2011年,全国共有旅行社23690家,拥有固定资产原值817.94亿元(见图1-2);星级饭店11676家,拥有固定资产原值4587.13亿元(见图1-3);旅游景区20976家。

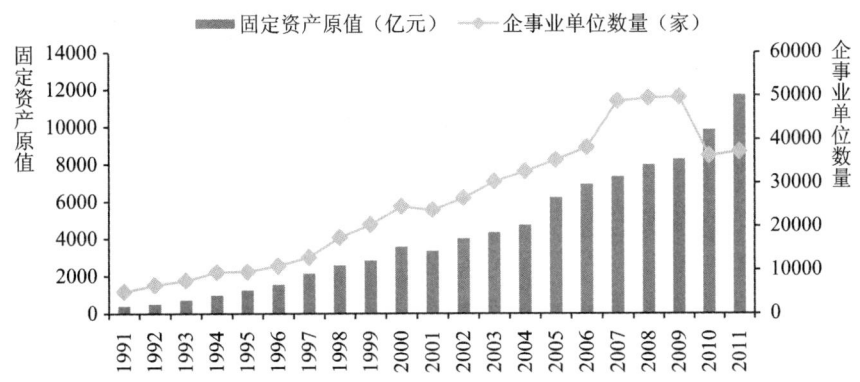

图1-1 旅游业固定资产规模和企事业单位数量

(数据来源:中国旅游统计年鉴)

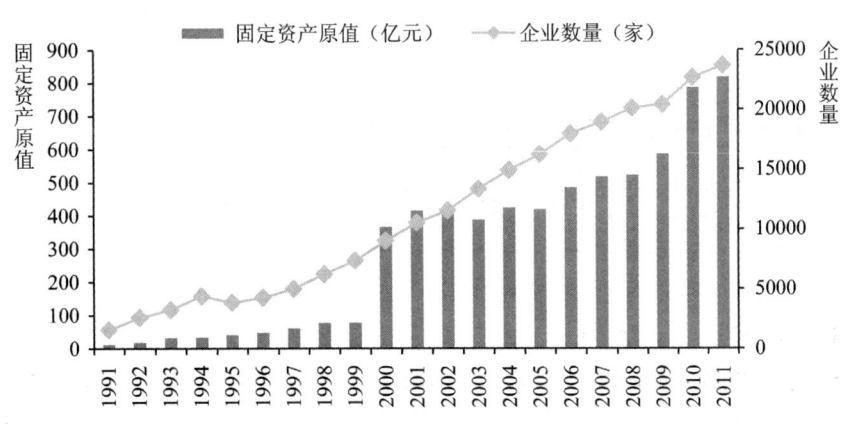

图1-2 旅行社固定资产规模和企业数量

(数据来源:中国旅游统计年鉴)

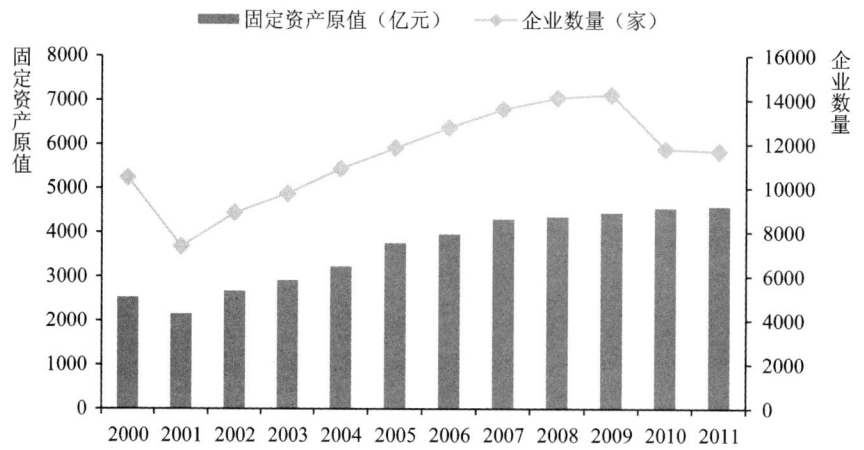

图 1-3　星级饭店固定资产规模和企业数量

（数据来源：中国旅游统计年鉴）

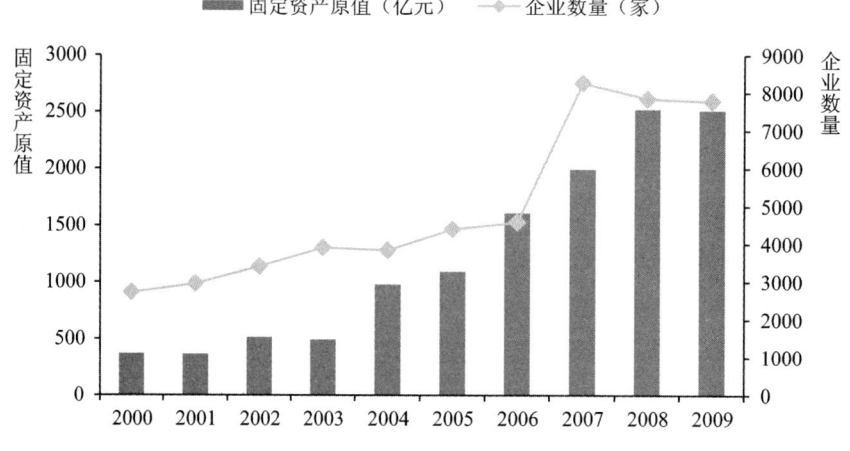

图 1-4　旅游景区固定资产规模和企业数量

（数据来源：中国旅游统计年鉴）

1.1.2 旅游投资演化阶段

中国旅游业经过30多年的发展，旅游投资演化划分为三个阶段。第一个阶段是不充分的竞争期，称之为旅游资源的站位投资，这期间的旅游投资主要是对旅游资源的依赖性投资；第二个阶段是相对竞争期，这个阶段是主题旅游项目投资期，这个投资期主要是资本依赖性的投资；第三个阶段是充分竞争期，这个阶段主要体现为综合投资模式,是资本与土地依赖性的投资模式。

(1) 资源依赖阶段

这一阶段主要在旅游业发展早期,旅游产业的发展前景不明朗,竞争不充分,小型的民营企业成为了投资与开发的主力军,投资主要旅游景区以及依附于景区的餐饮和门票。投资主体进入市场较早,占用了比较好的景区资源,加之市场的需求大于供给,常出现旅游景区人满为患的现象。这一阶段具有回收投资快、低投入高产出、低风险的特征。

随着旅游业的发展壮大,小额资本呈现出弱势,一是后续投入能力不足,二是对资源的分割和占有也成为后来大资金进入的障碍。比如北京的密云云蒙山景区,是非常大型的旅游景区。但是在 2000 年的时候,划分为 15 个小景区,由 15 个小老板分别开发,当时获取的开发权都是 50 到 70 年,但是大部分的老板是没有后续功能的,而开发权长期的转让又给后续大资本的进入造成了很大的障碍。

(2) 资本依赖阶段

这个阶段主要是主题旅游项目投资,其中典型的一类是主题公园类的项目。这个时期原始旅游资源的占有过程基本上完成,进入了文化资源的旅游化阶段。比如借助《红楼梦》、《三国演义》、《水浒》出现了很多旅游公园、创意类产品,还有各类的影视城等。

另一类是休闲类项目,主要是公共消费促进了环都市度假带的形成,比如主题庄园、高尔夫球场等形成的环城带。这些主题公园初期并不理想,不过形成了对大都市周边稀缺资源的占有。这两类项目主要选择人口集中的城市和大型的旅游景区,之后就转变为了资本依赖性投资。

(3) 资本与土地依赖阶段

这一阶段主要表现为综合投资与组合投资。旅游业进入了充分竞争期后,主题旅游产品竞争加剧生命力下降,市场对旅游产品的综合性需求也在不断地增大,旅游投资的门槛不断地提高,旅游投资演化为更高额的资本投入。旅游业需要大资本的支持,小额资本基本被挤出了市场。延长旅游产业链寻求综合效益的最大化,获取持续长效的回报成为了这一阶段旅游投资的主要目标。投资主体不再依托资源,而是将景区、景观、休闲房产、商业文化综合体、旅游商品、宾馆业、运输业等整体开放互动发展。为此形成了多种旅游投资商业模式,投资首选的区域是市场条件好、可利用的土地资源潜力大(如中国华侨城）的区域。

我国地域辽阔，各地自然条件、资源基础、经济和社会发展水平差异较大，因此在不同的地区，旅游投资所处的阶段是不同的，存在着很大的区域差异。东部沿海发达地区，已经进入了充分竞争的阶段，主题类和度假类旅游发展竞争激烈，非资源依赖性的综合性旅游项目投资成为了旅游投资的主要模式。但是中西部区域处于相对竞争阶段，土地资源相对充裕，人口急剧扩张，区域性的市场庞大；西北区域仍处在不充分竞争阶段，包括青海、西藏、新疆、甘肃、宁夏、内蒙古等省份，占有原始旅游资源的投资机会仍然非常多，很多旅游投资企业开始在这些区域跑马圈地。

1.1.3 改革开放后中国旅游投资重点的变化

从投资的重点角度看，中国旅游投资大致经历了两个阶段。这两个阶段以20世纪90年代中后期为分界点。

第一个阶段是以旅游饭店、车船及一些著名景区（点）的服务设施投资为重点，投资主体是外资和国有资本。这个阶段的投资重点是和我国重视国际旅游的定位相适应的。外资进入中国旅游业比较早，以投资宾馆饭店为主，占领了高端旅游住宿业相当大的份额。改革开放初期，虽然投资主体开始多元化，但个体私营经济刚刚开始发展，经济实力比较薄弱，对旅游业的投入比例比较小。

第二阶段则集中表现为以旅游景区（点）为投资重点，投资主体更加多元化，除了国有投资（主要是国债投资），以各种公司法人（集中表现为民营企业和企业集团）投资为主要特点。随着国内旅游市场的日益扩大，旅游接待能力成为限制国内旅游的季节性瓶颈因素，旅游景区的开发建设成为一个投资热点。各种经济力量都开始着眼旅游景区开发建设，在各自的范围内对景区进行投资。民营经济在短期内壮大并具备了相当的经济实力，成为了我国旅游市场中的一支生力军。

1.2 发展成就

1.2.1 投资规模持续增长

近年来，我国旅游业持续平稳发展，企业经营整体向好。各地加强政策扶持和业务指导，旅游企业的主营业务、融资能力和抗风险能力得到提升。2012

年国内旅游人数约29亿人次,比上年增长10%;国内旅游收入约2.22万亿元,增长15%;入境旅游人数1.33亿人次,下降1.5%,其中入境过夜旅游人数5740万人次,与上年基本持平;旅游外汇收入485亿美元,与上年基本持平;出境旅游人数超过8000万人次,增长15%;全国旅游业总收入约2.57万亿元,增长14%;新增旅游直接就业约50万人。

从表1-3可以看出,近年来我国旅游经济持续较快增长,旅游业的经济拉动作用也更加突出。据测算,我国旅游业增加值已占到GDP的4%以上,与旅游相关的行业超过110个。旅游业发展带动了社会投资,促进了相关产业发展。其中,旅游业对住宿业的贡献率超过90%,对民航和铁路客运业的贡献率超过80%;旅游促进了社会消费,2011年我国居民国内旅游消费达到19305.39亿元,占居民消费总支出的11.7%。目前,我国旅游直接从业人数超过1350万人,与旅游相关的就业人数约8000万人。同时,政府还将对旅游业发展加大投入。政府将设立专项投资,重点支持中西部地区重点景区、红色旅游、乡村旅游等方面的基础设施建设;国务院已经决定将旅游发展基金保留到2015年,重点用于国家旅游形象宣传、规划编制、人才培训、旅游公共服务体系建设等。安排中央财政促进服务业发展专项资金、扶持中小企业发展专项资金、外贸发展基金以及节能减排专项资金时,对符合条件的旅游企业给予支持。

"十一五"期间,我国国内旅游人数年均增长11.5%,入境过夜人数年均增长2.3%,出境旅游人数年均增长19%,固定资产年均增长4.8%,跃居第三大入境旅游接待国和第四大出境旅游消费国。但旅游行业固定资产的增长速度显著低于国内旅游人数和收入的增长速度,因此国内旅游市场对于投资的需求尚有较大空间。

表1-3 2007—2011年我国旅游业发展状况

年份	入境过夜旅游人数（万人次）	国内旅游人数（亿人次）	旅游外汇收入（亿美元）	国内旅游收入（亿元）	旅游总收入（亿元）	固定资产（亿元）	从业人员（万人）
2007	5471.98	16.10	419.19	7770.62	10957	7341.95	272.05
2008	5304.92	17.12	408.43	8749.30	11593	7972.05	272.13
2009	5087.52	19.02	396.75	10183.69	12902	8275.89	274.93

续表

年份	入境过夜旅游人数（万人次）	国内旅游人数（亿人次）	旅游外汇收入（亿美元）	国内旅游收入（亿元）	旅游总收入（亿元）	固定资产（亿元）	从业人员（万人）
2010	5566.45	21.03	458.14	12579.77	15702	5333.11*	185.77*
2011	5758.07	26.41	484.64	19300.00&	22500&	8000.00	235.00

（数据来源：中国旅游统计年鉴）

* 只包括了旅行社和星级饭店的统计数据。

& 统计部门从2011年第一季度起对国内旅游抽样调查方法进行了调整。

1.2.2 投资结构趋于优化

旅游投资总体结构包括投资主体结构、投资区域结构以及投资领域结构三方面。其中，投资主体结构方面，社会资本依然是主要投资力量，其次为政府资本。投资区域结构方面，旅游投资在东部和中西部的投资重点差异表现得更加明显，旅游投资在东部的传统项目开发基础上，更加侧重中西部旅游资源的开发，旅游投资对于中西部的经济拉动作用更加明确。投资领域结构方面，更加注重市场的作用；市场环境的逐步成熟、市场需求的推动以及旅游产品体系结构自身发展提升的需要，都促使投资领域结构的进一步优化。

从表1-4可以看出，2010年我国旅行社和星级饭店的固定资产原值居于前十位的省（自治区、直辖市）是：河北、北京、广东、山东、上海、浙江、江苏、辽宁、四川、湖南。2011年我国旅行社和星级饭店的固定资产原值居于前十位的省（自治区、直辖市）是：北京、广东、上海、浙江、山东、江苏、辽宁、四川、河北、湖南。从区域上看，我国旅游投资仍然集中在东部沿海的经济发达省份，尤其是北京、广东、上海三个省（市），几乎一直垄断着排名的前三名；青海、宁夏、西藏等地的旅游投资则比较少。虽然近几年随着中央政府主导战略投资的加强，中西部地区对旅游景区的建设和改善投资较大（2012年中央政府将设立专项投资，重点支持中西部地区重点景区、红色旅游、乡村旅游等方面的基础设施建设），但东部地方政府和企业对旅游的重视程度不减，相关资金投入仍居高不下。

2011年固定资产排名前十位的省份合计占总量的66%，说明旅行社和星级饭店的投资主要集中在东部经济发达地区。2007年至2010年固定资产排名前十位的省份合计总量也都在60%至70%之间，集中度相对较高，说明我国的各省市旅游投资比较不均衡。

在西部地区，除了四川和云南两个旅游大省投资规模比较大外，2009年贵州省异军突起，在固定资产排名中名列第四位，达到510.75亿元，这是由于2009年贵州省加快了避暑旅游、休闲旅游、乡村旅游、健康旅游、文化体验旅游产品建设，全面启动了《贵州省休闲度假发展规划（2009—2020年）》，还启动了世界银行6000万美元贷款项目，推动文化与自然遗产的保护与开发，使得固定资产投资增长较快。另外，近几年天津市的旅游投资一直比较少，投资额不足全国投资总额的1%，排名比较靠后，与天津的经济实力不相适应。作为环渤海地区的经济中心和沿海开放的国际口岸城市，天津在旅游资源开发方面与相同规模的城市相比明显滞后。这可能源于以下两个方面的原因：一是天津的旅游资源知名度低、可替代性高、特色模糊；二是天津的发展目标是国际化港口大都市，产业结构以第二产业为主，第二产业一直居主导地位，第三产业比重偏低，对旅游业重视不够。

表1-4 2007—2011年各省市旅游业固定资产情况（万元）

省市 \ 年度	2007	2008	2009	2010*	2011
合计	73419530.15	79720514.43	82758872.51	53332519.12	54050667.35
北京	7398204.40	8134602.47	8837212.87	6531913.35	5968018.30
天津	821800.44	587403.90	639611.24	430268.16	424634.30
河北	4664356.95	3778792.22	3020448.19	6668543.47	1568590.22
山西	1087185.32	1062490.89	1524168.47	685807.69	945417.69
内蒙古	721919.96	695225.47	891060.75	595964.49	618964.80
辽宁	3300766.00	3720939.34	4162081.15	1949014.59	1934751.09
吉林	1580268.79	1000498.02	909185.35	834360.43	732628.96
黑龙江	1268439.65	1210925.10	1327689.20	623753.27	584022.78
上海	6677454.56	7961015.94	7031940.91	3674095.10	3683909.13
江苏	5010082.15	3647757.62	4481305.06	2980076.92	2924764.64

续表

省市＼年度	2007	2008	2009	2010*	2011
浙江	4081519.71	4164539.06	4814815.25	3140991.96	3124044.72
安徽	1790110.00	849528.99	876917.75	1065477.29	1046196.83
福建	1358798.22	1517396.49	1570678.19	1236424.38	1256125.81
江西	1245836.60	2508331.61	2515621.70	592517.83	615566.10
山东	3502874.70	4442286.45	3255825.72	3965250.52	3269404.91
河南	1474073.27	1381769.74	1798666.14	1097219.73	834645.26
湖北	1898810.20	1880296.54	2268987.33	1448127.18	980885.07
湖南	1241718.16	1673372.56	2576445.16	1487285.40	1473131.24
广东	7856460.09	9431633.02	8926039.29	4861204.97	4592444.15
广西	1641322.60	1408042.20	1492386.86	961828.12	871524.66
海南	1274404.10	1877334.14	1967686.61	1009525.52	965437.78
重庆	936261.37	846978.45	1256869.16	792435.81	896004.48
四川	4249760.88	6427112.17	2790900.86	1617116.87	1633677.31
贵州	1719155.29	1400441.59	5107480.90	319484.66	350914.85
云南	1713686.74	4549476.57	2848121.04	1382291.26	1214276.93
西藏	210893.99	247316.84	352005.28	244557.30	207916.96
陕西	1348792.70	990988.78	1460500.68	1061061.82	1043700.11
甘肃	815581.40	739912.08	1015269.05	584219.85	519585.90
青海	1093942.49	159628.11	203273.48	158753.80	185390.97
宁夏	168729.67	212308.22	294649.35	214892.45	265862.62
新疆	1266319.75	1212169.85	2541029.52	1118054.93	1138826.09

（数据来源：中国旅游统计年鉴）

＊2010年固定资产只包含旅行社和星级饭店的统计数据；各年固定资产均不包含非星级住宿设施的情况。

1.2.3 投资领域多元化

随着国家对旅游业发展的支持和旅游投资市场的成熟，大量资金开始寻求新的市场机会和市场空间，开始出现新的投资领域，专项旅游产品、旅游新的营销方式以及旅游产品上下游产业等越来越受到投资关注。

当前我国旅游经济已经进入国民消费主导的大众化发展阶段，旅游新产品、新业态成为当前及今后旅游投资的重点领域，度假休闲设施建设加快。旅游村镇、人文景观等文化旅游业态项目的投资逐步受到重视，温泉养生、主题公园、特色街区等一系列新兴休闲旅游项目的投资数额也在扩大（见图1-5）。

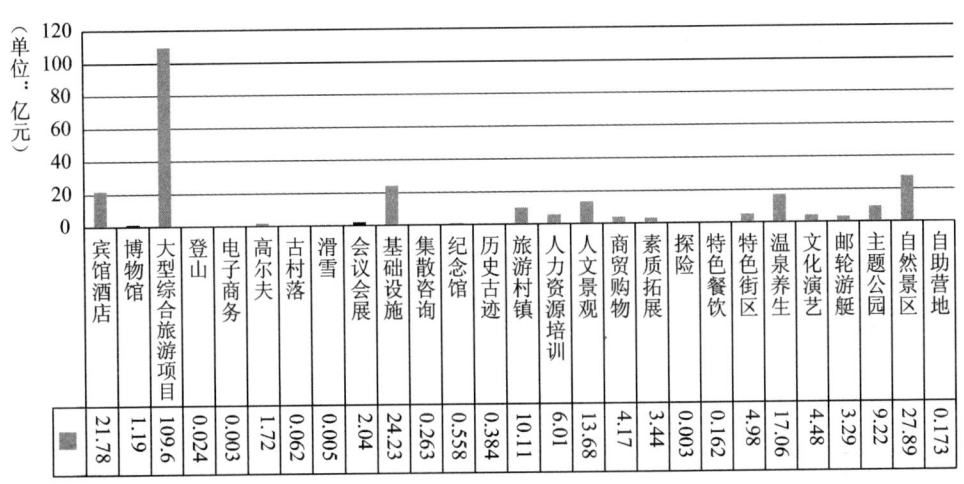

图1-5 2011年全国各类型旅游投资总额

（数据来源：2012中国旅游投资报告）

1.2.4 投资形式多样化

改革开放以来，随着投资体制的改革，旅游要素（吃、住、行、游、购、娱）的市场化进程加快，旅游投资形式逐渐多样化。政府不再是唯一投资主体，民间资本大量投资旅游景区、饭店、旅行社等。旅游企业通过合资、合作、股份制、上市等拓宽了融资渠道。截至2011年底，我国旅游类上市公司已达28家，投资者通过股市投资上市旅游企业的热度很高，旅游业的间接投资规模逐渐壮大。携程、艺龙、如家、七天、汉庭等在美国上市，增加了境外投资的渠道。

BOT（Build – Operation – Transfer）模式在我国景区开发、旅游交通建设、旅游房地产等项目中的运用也越来越广泛，成为缓解政府资金紧张的上佳选择。BOT是政府对项目的建设和经营提供一种特许协议，项目投资者和经营者安排融资，开发建设项目并在有限的时间内经营获取商业利润，最后根据协议将该项目转让给相应的政府机构。作为市场机制与政府干预相结合的产物，BOT是备受青睐的新兴融资方式，也是解决发展中国家资金困难的一种较好模式。

第2章 旅游投资主体

改革开放以来,在强劲的国际旅游和国内旅游市场需求的拉动下,中国旅游业取得了巨大的成就,旅游投资主体也逐渐实现了多元化,形成了以政府为引导,社会投资为主体,外资为重要成分的多元化投资机制。

2.1 国有旅游集团

国有资本在旅游投资中一直发挥着主体优势。改革开放前,我国旅游事业具有浓郁的政治色彩,旅游接待设施均由国家拨款建造。改革开放后,旅游业进入新的发展时期,旅游投资者和经营者开始多元化,国家、地方、部门、集体、个人、外资都可以参与到旅游基础设施的建设中来,逐渐形成了一批具有较强竞争力的旅游集团。

旅游集团是企业集团的一种特殊类型,由两个以上满足旅游者相关需求的企业构成,一般以产权为基础性的联结纽带,各企业在投融资、计划、财务、产品研发、市场营销、品牌培育、人力资源等商业活动中保持密切联系,并能够为了集团的总体战略目标而协调行动。近三年来,在中国旅游研究院和中国旅游协会联合发布的旅游集团20强排名(以营业收入为排名依据)中,国有企业占比一直是近七成(见表2-1)。

表2-1 旅游企业集团20强

	国有企业集团	民营企业集团	外资企业集团
2009	13家(65%)	5家(25%)	2家(10%)
2010	14家(70%)	4家(20%)	2家(10%)
2011	13家(65%)	4家(20%)	3家(15%)

(数据来源:中国旅游研究院官网)

旅游住宿业在旅游累计投资中一直占有很大的比重。由于受到统计资料分类的限制，我们现以星级饭店为代表，分析旅游投资的主体结构（见表2-2）。从表2-2和图2-1可以看出，国有企业和集体企业在星级饭店中占的比重累计超过40%，与其他所有制企业相比，处于绝对优势地位。

国家旅游局局长邵琪伟表示，当前我国旅游企业小、散、弱的问题没有得到根本改观，与旅游业蓬勃发展的形势还不相适应。中央旅游企业和其他大型国有旅游企业是建设旅游战略性支柱产业的关键，也是推进旅游产业化的战略主体。

为贯彻落实《国务院关于加快发展旅游业的意见》，2012年5月11日，国务院国资委与国家旅游局在京签署合作备忘录，双方将在多方面加强合作，推动产业融合，实现优势互补，充分发挥国有大型旅游企业独特的优势和作用，共同推进中国大型旅游"航母企业"建设。

根据备忘录，国资委和国家旅游局将积极支持中央旅游企业发展。支持中国港中旅集团、中国国旅集团、华侨城集团、南光集团等做强做优，努力打造有国际竞争力的旅游企业集团，充分发挥中央旅游企业在建设世界旅游强国中的排头兵作用。

国资委和国家旅游局还将积极支持中央旅游企业打造有代表性的精品景区，拓展入境旅游业务，在旅游新产品、新业态开发中先行先试。引导和支持有条件的中央装备企业发展旅游装备制造业，优先发展旅游直升机、旅游房车、邮轮游艇、景区索道、滑雪设备、游乐设施和数字导览设施等大型旅游装备设施，培育发展具有自主知识产权的各类户外休闲活动装备和旅游用品。支持中央旅游企业按照规划率先开展相关"走出去"业务，在日韩、东南亚、欧美等中国公民主要出境旅游目的地拓展旅游业务，更好地服务中国公民出国（境）旅游。积极推进中央旅游企业参与香格里拉生态旅游区、丝绸之路旅游区、长江三峡旅游区、青藏铁路沿线地区、海南国际旅游岛的开发建设和长三角、珠三角、环渤海、黄河三角洲、海峡西岸、北部湾地区、东北老工业基地等区域旅游业合作与发展。

国资委主任王勇表示，国资委将本着加快产业融合、优势叠加、优势互补原则，支持中央旅游企业在重点旅游区和旅游线路开发建设，在新产品、新业态开发方面先行先试，支持中央旅游企业开发边疆、民族地区旅游资源。通过深化改革和结构调整，培育具有核心竞争力的文化旅游企业集团，打造国际一流旅游品牌和有自主知识产权的旅游装备,充分发挥中央旅游企业在建设世界旅游强国进程中的独特作用。

表2-2 2006—2011年星级饭店固定资产(亿元)

年度 饭店类型	2006年		2007年		2008年		2009年		2010年		2011年	
	绝对值	比重	绝对值	比重	绝对值	比重	绝对值	比重	绝对值	比重	绝对值	比重
合计	3957.45	100.00	4298.57	100.00	4353.25	100.00	4442.98	100.00	4546.77	100.00	4587.13	100.00
国有企业	1655.40	41.83	1712.49	39.84	1778.15	40.85	1690.20	38.04	1799.56	39.58	1683.9	36.71
集体企业	175.25	4.43	183.65	4.27	183.27	4.21	166.35	3.75	134.93	2.97	116.84	2.55
股份合作企业	60.51	1.53	70.37	1.64	70.01	1.61	84.91	1.91	74.29	1.63	68.67	1.50
联营企业	19.93	0.50	29.83	0.69	31.38	0.72	29.77	0.67	11.53	0.25	13.12	0.29
有限责任公司	741.37	18.73	899.11	20.92	878.58	20.18	993.41	22.36	701.37	15.43	754.44	16.45
股份有限公司	220.98	5.58	225.46	5.25	247.87	5.69	275.00	6.19	231.75	5.10	234.05	5.10
私营企业	199.28	5.04	276.41	6.43	292.67	6.72	345.73	7.78	649.39	14.28	719.69	15.69
其他企业	66.41	1.68	76.09	1.77	110.51	2.54	83.69	1.88	147.19	3.24	227.5	4.96
港澳台投资企业	439.77	11.11	466.17	10.84	415.96	9.56	453.19	10.20	418.97	9.21	402.36	8.77
外商投资企业	378.55	9.57	358.99	8.35	344.85	7.92	320.73	7.22	377.79	8.31	366.56	7.99

(数据来源:中国旅游统计年鉴)

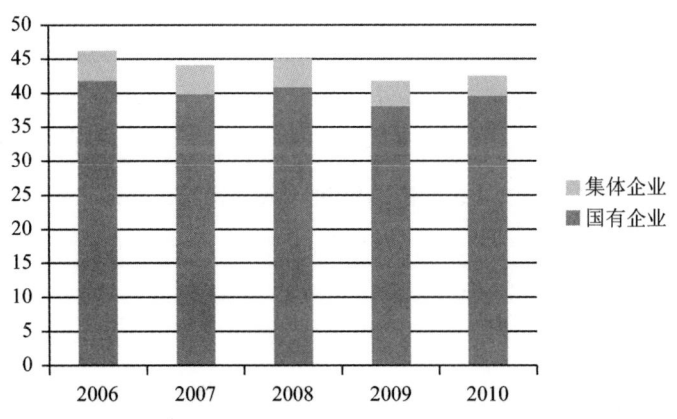

图2-1 国有企业和集体企业星级饭店固定资产比重

(数据来源:中国旅游统计年鉴)

2.2 民营旅游集团

改革开放以来，各类民间资本进入旅游业，民间资本在旅游投资中的比重不断增加，综合效益不断提高，已经成为我国旅游业发展的重要力量。据国家旅游局规划财务司统计，2011年，全国旅游项目投资总额累计达到2.67万亿元，当年实际完成投资2064.26亿元，其中民营企业投资占39%，高于全国的民间资本占全国投资的比重。山西省旅游统计数据也显示，2011年山西省民营企业对旅游业的投资已占全部旅游投资的60%以上，仅煤炭、焦炭、电力、房地产等企业转型投资旅游业的资金就超过150亿元。2012年上半年，山西省共有旅游投资项目80个，完成旅游投资16.94亿元，旅游项目资金来源广泛，除少量涉及基础设施建设项目资金来源于政府财政外，绝大多数资金来源于社会资金，民营资本已成为山西省旅游投资的主力。

根据星级饭店的数据，近年来私营企业星级饭店固定资产所占的比重逐年提高（见图2-2），从2006年的5.05%提高到2011年的15.69%。另外，从企业数量方面来看，私营企业处于绝对优势（见表2-3）。2011年纳入《中国旅游财务信息年鉴》统计范围的企业有27118家，其中，私营企业19252家，占70.99%。从表2-3可以看出，私营企业所占比例呈逐年上升趋势。

近年来，一些资金雄厚的大型民营企业纷纷将目光投向旅游开发，比如万达集团就正在长白山、武汉、西双版纳、三亚等地打造国际一流水准的旅游度假区，总投资将超过1000亿元。同时，一些中小民营企业也在频频试水，进入旅游业的开发热潮中。2012年7月28日，由万达集团、泛海集团、一方集团、亿利资源、联想控股、用友集团六家中国民营企业联合投资200亿元，共同打造的国际度假目的地项目——长白山国际度假区（一期）盛大开业，这是中国投资额最大的旅游度假项目之一。

由于政策瓶颈和投资门槛等限制，民间资本缺乏大企业、大手笔、大项目，难以满足和适应我国旅游业发展要求。为进一步发挥民间资本的重要作用，促进我国旅游业又好又快发展，2012年6月5日，国家旅游局出台了《关于鼓励和引导民间资本投资旅游业的实施意见》，提出旅游业向民间资本全方位开放，涉及吃、住、行、购等传统旅游业所有核心领域，包括旅行社服务、海陆名胜景区资源开发、餐饮饭店业等领域。鼓励民间资本依法采取多种形式合理开发各类地质、森林、风景名胜、水利、文物、城市公园、科教、工农业、湿地、海岛、海洋等旅游资源,鼓励民间资本因地制宜地发展生态旅游、森林旅游、商务旅游、体育旅游、工业旅游、医疗健康旅游、邮轮游艇旅游等旅游产品。对于民间资本独立或参与建设形成的旅游景区,切实保障其经营管理权益。支持民间资本兴办旅行社,消除制约跨区经营的障碍,推动大型旅行社集团化、中型旅行社专业化、小型旅行社网络化,形成适应市场需求的批发零售分工体系。

《关于鼓励和引导民间资本投资旅游业的实施意见》充分反映出旅游业作为国民经济的战略性产业,在发展中需要民间资本,民间资本可以成为旅游业发展的重要力量。《意见》的出台,将更大力度地促进民营企业进入旅游业,进一步发挥民间资本的重要作用。

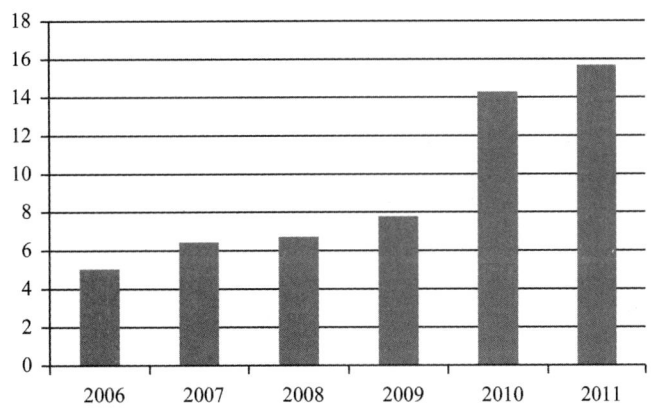

图 2-2 私营企业星级饭店固定资产比重

(数据来源:中国旅游统计年鉴)

表 2-3 旅游企业经济类型

年度 \ 类型	国有及其控股企业	集体企业	联营企业	私营企业	外商及港澳台投资企业	其他
2009	22.37%	7.34%	1.98%	65.95%	2.36%	—
2010	17.57%	6.80%	3.30%	69.96%	2.37%	—
2011	18.60%	6.47%	1.67%	70.99%	2.26%	0.01%

(数据来源:中国旅游财务信息年鉴)

2.3 中央和地方政府

新中国成立之后，我国旅游产业推行的一直是政府主导型发展模式，这在旅游发展起步阶段十分必要。1998年3月，全国旅游工作会议更是首次提出"政府主导型发展战略"。多年来，"政府主导"一直是作为我国旅游业的"发展方针"、"发展模式"，写入旅游主管部门的文件之中。这种状况一直持续到2009年。2009年12月1日，国务院发布了《关于加快发展旅游业的意见》，提出了"坚持改革开放，破除体制机制性障碍，充分发挥市场配置资源的基础性作用"的基本原则。

政府主导型发展模式的实施，给我国旅游产业发展带来了积极的影响。首先，在旅游业发展初期，政府利用行政体制动员所掌握的经济资源，使我国旅游业超前发展，迅速形成了较大的产业规模和供给能力。其次，在进行国家整体形象宣传、协调社会各方力量方面，政府发挥了不可替代的重要作用。目前，中国政府已成功申报了43处世界遗产（居世界第二位），批准了208处国家级风景名胜区和137家国家AAAAA级旅游景区，推动了一大批重点旅游景区景点的建设。再次，在提供公共产品、改善旅游大环境等方面，政府做出了巨大的贡献。中央和地方各级政府投入大量的资金，加强和旅游相关的基础设施建设，提高了景区景点的可进入性，完成了一大批供水、供电、垃圾污水处理、环境整治和安全保障设施。最后，在刺激旅游消费需求方面，政府起到了积极的推动作用。旅游需求是旅游市场的根本基础。我国自1999年起实行"五一"、"十一"七日连休后，国内旅游市场迅速扩大，出境旅游也勃然兴起。2008年，国家又公布了新的假期方案，四大传统节日正式被列入国家法定节假日。2012年5月，由国家旅游局牵头的《国民旅游休闲纲要》起草完毕，上报国务院，等待最终批复。这些都将进一步促进中国休闲旅游消费有序常态发展。

政府投资主要涉及旅游基础设施建设、环境和资源保护等公益事业方面。随着旅游业发展的逐步成熟，政府在前期规划、城市旅游形象营销、信息平台建设以及各类展会、洽谈会等方面的投入也将进一步增加，从而确保旅游投资的合理性和可持续性。

据《中国旅游财务信息年鉴》的统计数据，2011年全国旅游企业资本以法人资本和国家资本为主，国有资本所占比例为23%，显著高于个人资本和外商资本（见图2-3）。与2010年相比，旅游企业的资本结构基本保持不变，国有资本出现小幅下降。另外，在不同类别的旅游企业中，国有资本比例也有较大差异（见表2-4）。旅游集团以国家资本为主，所占比例为48%。对于旅游集团来说，国家资本是其核心的控股资本。旅游景区和旅游饭店中国家资本的比例也较高，分别为25%和21%。旅行社中国有资本的比例最低，仅为8%。

虽然政府在旅游投资中发挥着主导作用，资源的控制和规划以及交通、基础配置的规划和决策都由政府主导，但旅游产业竞争性和经营性的典型特征使得政府的投入受到限制。因此未来政府对于旅游的投入更多是引导性的，将更加注重在改善投资环境、加强基础设施的建设、建设完善旅游招商机制以及协调加大投资政策出台力度等方面的投入，并保持一定的增长，但在所有投资中占的比例会有所下降，从而让更多社会资本进入，充分发挥市场机制的作用。如2012年7月贵州省政府发布《贵州生态文化旅游产业发展规划》，未来十年，贵州省旅游投资额度大约需要2万亿至3万亿，其中绝大部分投资项目将通过招商引资完成资金配备，而不是国家投资。2011年内蒙古、上海、浙江、安徽、福建、湖北、湖南、广东、海南等省份旅游企业中的国家资本占比均低于20%（见图2-4）。

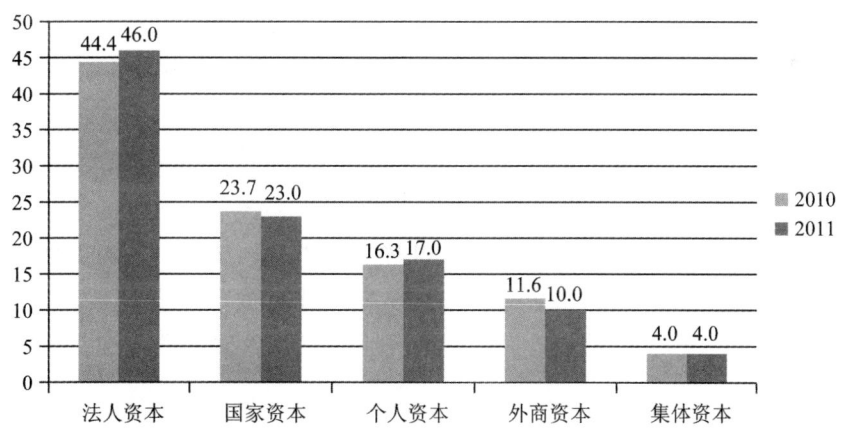

图2-3 2010—2011年全国旅游企业资本结构

（数据来源：中国旅游财务信息年鉴）

表 2-4 2011 年旅游企业资本构成比例

	国家资本	集体资本	法人资本	个人资本	外商资本	合计
旅游饭店	21%	3%	46%	17%	13%	100%
旅行社	8%	3%	48%	39%	2%	100%
旅游景区	25%	6%	50%	12%	7%	100%
旅游集团	48%	1%	35%	15%	1%	100%
其他旅游企业	16%	4%	48%	19%	13%	100%

（数据来源：中国旅游财务信息年鉴）

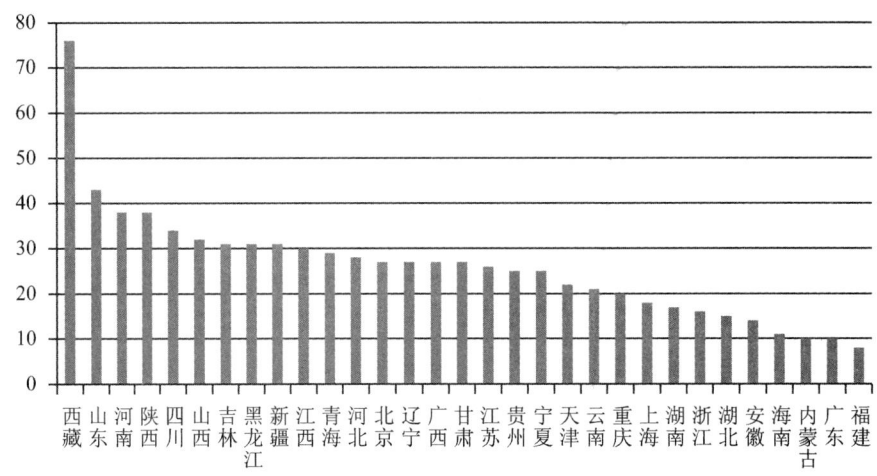

图 2-4 2011 年各地旅游企业国家资本比重

（数据来源：中国旅游财务信息年鉴）

2.4 外资公司

旅游业是中国最早利用外资的行业之一。在中国旅游业近 30 年的发展中，尤其是在旅游基础设施的建设中，外商投资发挥了不容低估的作用。进入 21 世纪以来，越来越多的外国企业，尤其是大型跨国公司纷纷看好中国市场，不断扩大对中国旅游业的投资。它们不但向中国投入资金、投资新设旅游企业，还投入相关的技术和管理、买断中国的旅游企业。另外，外商的投资领域在扩大，从早期的投资旅游饭店为主,扩展到旅行社、大型主题公园、旅游景区和景点等,投资方式也不限于合资经营与合作经营。2011年中国旅游集团20强中,就有3家外资企业(携程、广之旅、去哪儿网),占15%。2012年7月,《HOTELS》杂志公布了2011年度全球酒店集团排名,排名前18位的酒店集团中有17家今年都增加了酒店存量,这些新酒店大部分都在中国。

从旅游企业数量来看(见表2-3),我国外商及港澳台投资企业近年来一直保持在600家左右,所占比例比较稳定(大约占2.3%)。从旅游企业资产规模来看(见图2-3),2010年和2011年外商资本所占比例分别为11.6%和10.0%。与其他经济类型企业相比,外商投资企业的规模比较大。从业态分布来看(见表2-4),旅游饭店中外商资本所占比例较高(13%),旅游集团和旅行社中的外商资本比例较低。具体到星级饭店(见图2-5),外商和港澳台投资企业固定资产所占比例更高,接近20%。从区域来看(见图2-6),辽宁、广东、广西、福建、海南旅游企业中外商资本所占比例均超过15%;安徽、贵州、甘肃、新疆、青海、西藏旅游企业中外商资本所占比例较低,不超过1%。

另外一个值得关注的现象是外资饭店管理公司在中国的迅速扩张。1982年香港半岛集团正式管理北京建国饭店,标志着国际饭店集团开始进入中国饭店市场。近年来,外资饭店管理公司纷纷抢滩中国市场。目前,全球排名前50位的酒店集团已有12家(不包括4家总部设在中国内地的酒店集团)进入中国市场(见表2-5)。

外资饭店管理集团进入中国通常都是签署管理合约而很少有对饭店本身的投资,基本上属于低风险、高收益的商业模式。目前中国的大部分高星级饭店,都是中方业主投资后,聘请国外专业的饭店管理集团来管理饭店。国际饭店管理集团最初只在一线城市发展,随着一线城市竞争的加剧和国内其他地区经济的快速发展,国际饭店管理集团也开始更多地关注中国的中端市场,除了引进中档的饭店品牌,更多的二线甚至三线城市正成为它们下一个角逐目标。

国际饭店管理集团凭借着强大的网络优势、品牌优势、规模优势及企业文化优势,经营业绩远高于国内饭店同行。一方面,它们所带来的管理观念和管理模式对提升我国饭店业经营管理水平功不可没,缩短了我国饭店业与国际水平的差距,培养了大批饭店管理人才,其管理的饭店成为我国饭店管理人才的"提高班",促进了高新技术在饭店中的应用,在引导饭店追踪国际饭店发展趋势方面起到了示范作用。但另一方面，国际饭店集团的资源优势又对我国民族饭店业的发展形成极大压力，民族饭店业必须深入研究其发展模式和战略趋势，采取差异化竞争策略，寻求自己的发展空间。随着国际饭店品牌开始向二、三线城市扩张，其全球分销系统和人力资源系统对饭店的支持作用逐渐减弱。在一定程度上，国际饭店品牌在二、三线城市与本土饭店品牌相比优势并不明显，经营绩效差距也在逐步缩小。

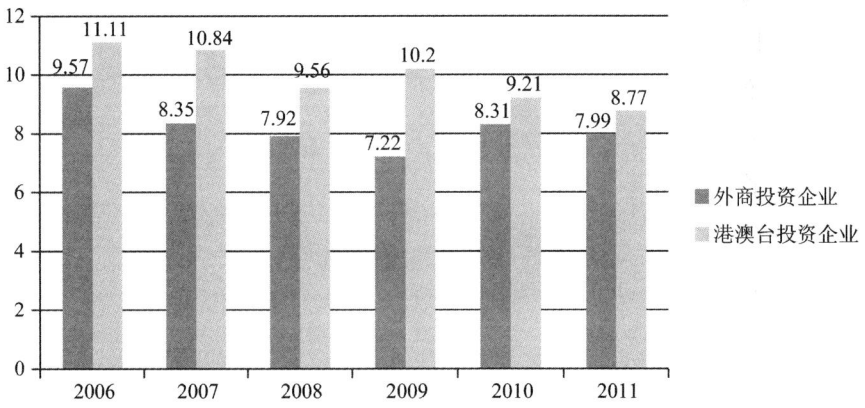

图 2-5 外商和港澳台投资企业星级饭店固定资产比重

（数据来源：中国旅游统计年鉴）

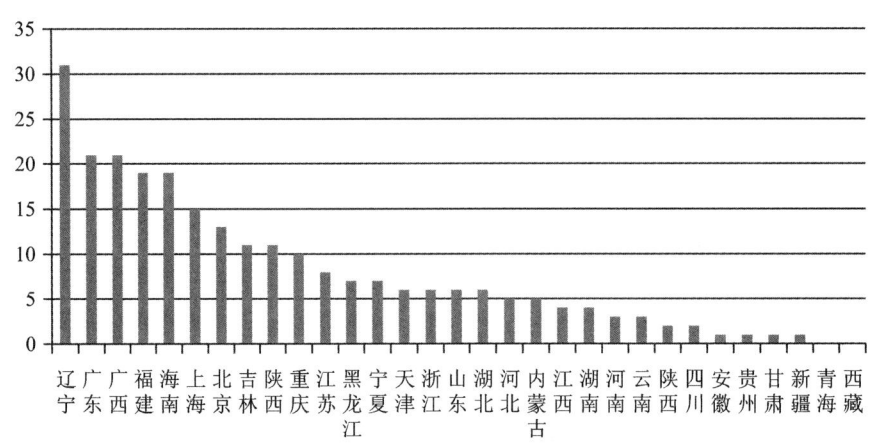

图 2-6 2011 年各地旅游企业外商资本比重

（数据来源：中国旅游财务信息年鉴）

表2－5　全球酒店集团50强中进入中国的外资酒店管理公司

酒店集团	在华品牌	在华饭店数
洲际酒店集团	洲际酒店及度假村、皇冠假日酒店、英迪格酒店、假日酒店及假日度假酒店、智选假日酒店、华邑酒店	开业172家，在建160家
万豪国际集团	丽兹·卡尔顿、JW万豪酒店及度假村、万豪酒店及度假酒店、万丽酒店及度假村、万怡酒店、万豪行政公寓、宝格丽酒店	开业60家（23316间客房），在建61家
希尔顿环球集团	康莱德酒店及度假村、希尔顿逸林酒店、华尔道夫酒店及度假村、希尔顿酒店及度假村、希尔顿度假酒店、希尔顿花园酒店	开业31家，2015年前新开100家
温德姆酒店集团	温德姆酒店及度假酒店、华美达酒店、豪生酒店、戴斯酒店、速8酒店	开业470家（59588间客房），在建4家
雅高	索菲特酒店、铂尔曼酒店、美憬阁酒店、美爵酒店、诺富特酒店、美居酒店、宜必思酒店	开业124家，在建90家
精选国际酒店	凯瑞华晟国际酒店	签约1家，未来三年新开30~50家
喜达屋酒店及度假村集团	瑞吉酒店、豪华精选酒店、艾美酒店、W酒店、威斯汀、喜来登、福朋喜来登、雅乐轩	开业103家，在建100家
最佳西方国际集团	最佳西方（贝斯特韦斯特）	开业80多家
Carlson Rezidor酒店集团	丽笙世嘉酒店、丽笙酒店、丽亭酒店	开业12家，在建23家
凯悦酒店集团	柏悦酒店、君悦酒店、凯悦酒店、安达仕	开业19家，在建超30家
Melia酒店集团	Gran Melia、Melia	开业1家，在建2家
卢浮宫酒店集团	Royal Tulip皇家金熙、Golden Tulip金熙、Tulip Inn金熙	开业3家，2015年前开发50家

（数据来源：http://www.hotelsmag.com/）

第 3 章　旅游投资模式

由于旅游投资对象的广泛性（包括基础设施投资、要素投资、人力资本投资、环境营造投资、资源保护投资、品牌投资等）和旅游投资主体的多元化，旅游投资模式也是多种多样的，主要可以分为四大类：

一是资本运营投资模式，即企业利用市场法则，通过资本本身的技巧性运作或资本的科学运动，实现价值增值、效益增长的一种经营方式。其特点是注重从资本投资中获取较高的收益，而往往并不重视对所投资企业的管理，典型的例子如黑石集团和今日资本集团。黑石集团是全球最大私募股权投资基金，而今日资本是一家专注于中国市场的国际性投资基金，两者均是通过资本运作方式来获取较高的投资收益，但并不介入企业实际的经营管理。

二是品牌经营投资模式，其特点是企业并不重视对产品的投资，而是更重视对品牌的管理，通过品牌的输出实现企业的扩张。如法国的雅高酒店集团、英国的洲际酒店集团，它们往往并不注重酒店的自行投资，而更为重视品牌经营，通过打造知名的酒店品牌，在全球进行连锁经营，以管理合同和特许经营的方式进行大规模扩张，以实现更多的收益。

三是投资与经营并重的投资模式，这种投资模式较为常见，其特点是企业重视投资，也重视企业的经营。如春秋集团、香格里拉酒店集团，它们注重通过资本运作来实现企业的对外扩张，同时还掌握企业经营管理的主导权，通过投资和经营并重，争取稳定的投资收益。

四是轻资产投资而重运营的投资模式，这种投资模式在旅游新业态企业中较为常见，企业并不重视固定资产的投资，而往往更重视企业的运营管理，如七天、如家等经济型酒店以及携程、去哪儿等旅游电子商务企业往往固定资产较少，它们更为重视企业的运营管理，通过企业经营管理来获取较高的收益。虽然这些旅游新业态企业在进行企业规模扩张时也会开展投资活动，但往往并非是针对企业固定资产的投资。

旅游投资模式可以总结如下（见表3-1）：

表3-1 旅游投资模式总结

投资机构	资产投资	运营管理	案例
资产经营机构	非常重视	不重视	黑石、今日资本集团
品牌经营商	不重视	非常重视	法国雅高酒店集团、英国洲际酒店集团
投资与经营并重的企业	非常重视	非常重视	春秋集团、香格里拉酒店集团
轻资产、重运营的企业	一般	非常重视	七天酒店、如家酒店、携程集团

作为旅游业的重要组成部分，景区、饭店、旅行社是旅游投资的主要方向。尤其是景区和饭店，资金投入和占用较多，一直是各地区投资的重点。旅行社虽然固定资产占用较少，但作为连接整个旅游产业链的核心，其投资和扩张也备受关注。下面我们将具体介绍一下景区、饭店、旅行社的投资模式。

3.1 景区投资模式

3.1.1 政府投资

政府投资模式又称国家公园模式，即国家所有、国家投资的模式。国家公园是自然资源保护的一种形式，兴起于美国。国家公园由政府（中央或地方政府）财政拨款投资兴建，社会捐款和门票收入补充环保和维护费用。在这种模式下，政府直接通过财政支出拨款给自己拥有的国有企业生产产品、提供服务。这种方式具有力度大、收益快的特点，主要有中央政府直接控制生产并向社会提供产品和服务、地方政府直接管理生产经营、地方（城市）公共团体经营三种方式。

2006年，云南迪庆藏族自治州通过地方立法成立香格里拉普达措国家公园，并宣告原已于1988年由国务院批准划入"三江并流国家重点风景名胜区"的有关地域为中国大陆地区的第一个"国家公园"。2007年6月21日，中国大陆首个被定名为国家公园的保护区——香格里拉普达措国家公园正式揭牌。2008年10月8日，中国环境保护部和国家旅游局批准建设中国第一个国家公园试点单位——黑龙江汤旺河国家公园。2008年8月，迪庆藏族自治州政府与云南省旅游产业集团共同签署了合作开发梅里雪山国家公园协议，梅里雪山国家公园建设正式启动。按照云南省旅游发展规划，双方协议共同组建德钦梅里雪山国家公园开发经营管理有限公司，筹集2亿元作为注册资本，通过构建融资平台，5年内再融资10亿元建设资金，力争在2012年初步建成世界级的国家公园。

在我国，除了国家公园外，国家政府部门主管的类似景区还有国家森林公园、国家地质公园、国家矿山公园、国家湿地公园、国家城市湿地公园、国家级自然保护区、国家级风景名胜区、国家考古遗址公园、国家海洋公园等，它们属于不同的管理系统，大部分都是由政府直接投资和管理。历史人文类景区也大多采取这种方式。

3.1.2 租赁

租赁模式是较为普遍的一种景区开发投资模式，指投资主体为获得旅游资源经营权，与地方政府或地方行政主管部门签订协议，向地方主管部门缴纳租金，采取租赁的方式获得经营权。租期一般为30、50、70年不等。主管部门根据国家宏观发展或地方总体布局以及行业管理的需要，随时调整管理规则、手段，也可以随时终止租赁合同。

1994年，张家界市武陵源区以租赁经营方式，将宝峰湖转让给马来西亚保利（湖南）实业贸易有限公司经营60年，首开国内旅游景区经营权转让先河。

1999年，"双世遗"武夷山风景区以特许经营权租赁方式转让给由新华都、竹筏总公司、腾龙公司等五家企业单位成立的武夷山旅游股份发展有限公司，转让期38年。景区管委会以营业收入的50%上缴政府作为景区特许经营权费，将景区的经营权交给公司。武夷山旅游股份发展有限公司先后投资数亿元用于景区内村民的拆迁安置、景区公路建设和景区智能化管理等方面。2001年收入便突破亿元，2002年达1.15亿元，仅上交政府的特许经营权费就比1999年管委会自营的总经营收入还要多。2011年景区接待游客达252.25万人次，比增25.29%；旅游收入突破4.04亿元，比增21.71%。

2011年5月19日，由怀化市洪江区管理委员会、湖南日报报业集团有限公司、凤凰古城旅游有限责任公司、大汉城镇建设有限公司、老百姓大药房连锁有限公司5方共同出资、联合组建的洪江古商城文化旅游产业发展股份有限公司入主洪江古商城。该公司以2900万元获得古商城50年的资源保护使用权及核心景区以外有关旅游地产资源的开发权,开发、经营洪江古商城的文化旅游产业。洪江古商城作为第六批全国重点文物保护单位,其文化旅游价值不可估量。然而,古商城的基础设施还比较落后,品牌亟待提升,文化内涵有待挖掘。在共同经营的五方中,由洪江区管委会设立的洪江城市建设投资有限公司占10%的股本,走的是一条政府主导、社会力量共同参与文物保护、旅游文化资源开发的新路子。

3.1.3 买断

买断模式的实质是获得特许经营权,特许经营权是自然垄断行业民营化的主要方式,需要通过投标、公开竞价等方式进行。我国目前的买断模式一般分为两种方式:①有投资意愿的企业或个人与景区主管部门双方通过协商,遵照国家对资源管理的相关规定,共同确定买断费用,签订协议后,企业获得一段时间的垄断经营权;②景区主管部门事先确定好拟开发的项目、投资金额以及投资收益等,以招商引资或项目招标的方式,吸引有投资意愿的企业,经过筛选比较后,获胜企业与主管部门签订协议,获得垄断经营权。

1998年初,万贯集团以协议开发方式获得了四川碧峰峡等景区50年的独家垄断经营权,创造了"碧峰峡模式"。碧峰峡1986年确立为省级风景名胜区,1993年雅安市政府才开始开发,到1997年累计投入580万元,年接待游客1万余人,年旅游收入仅30万元。1998年1月8日,雅安市政府与成都市民营企业万贯置业投资有限公司(万贯集团)签订了《开发建设碧峰峡的合同书》,万贯集团付资源保护金500万元,在雅安市政府的监督下独家开发碧峰峡景区,时间50年。经过9个月的建设,从2000年开业到2001年5月,景区共接待游客100万人次,旅游收入近1亿元,利润4000万元。在2000年碧峰峡就给雅安市财政增加了500多万元收入,成为全市第一纳税大户。碧峰峡产生了巨大的连锁效应,此后各地景区争相仿效。

2001年10月,湖南省凤凰县政府在与多家企业谈判后,与黄龙洞"当家人"叶文智牵手,黄龙洞股份有限公司斥资8.33亿元,获得南长城、沈从文故居、熊希龄故居、沱江、古城墙、城楼、奇梁洞等8个景点50年的经营权。在黄龙洞投资股份有限公司进驻凤凰前,当地政府已开发凤凰古城两三年,由县旅游局进行日常经营,基本属于接待型旅游,门票收入很少。1999年的门票收入为128万元,至2002年1月黄龙洞公司正式接管后,当年的门票收入一跃至1560万元。2011年,凤凰县全年共接待国内外游客600.14万人次,实现旅游总收入44.31亿元，门票收入1.55亿元，同比分别增长15.4%、47.01%、2.65%。旅游接待人数首次突破600万人次大关，创凤凰旅游发展历史新高。

3.1.4 委托经营

由于我国尚未建立国际通行的托管制度，目前景区开发中的委托经营其实质是租赁经营，这种办法是为了规避禁止出让景区经营权规定的一种变通办法。最早出现的委托经营，是张家界出让黄龙洞景区经营权时采用的方式（这也是全国第一个出让景区经营权的景点），现在采用的较少。

1997年，经与武陵源区政府数轮谈判，黄龙洞投资股份有限公司出资6000万元，以"委托经营"方式，获得黄龙洞景区45年的经营权。1998年1月，黄龙洞景区正式实施委托经营。根据协议，黄龙洞投资股份有限公司享有黄龙洞45年的开发、保护、经营权，并承担相应的责任。从1998年至2002年5年内，黄龙洞累计接待海内外游客310万人次，相当于委托经营前13年接待总和的105%；实现经营收入1.8亿元，相当于委托经营前13年总收入的4倍；向地方政府缴纳税费、委托经营费、四费两金、税金等共计11150万元，相当于委托经营前13年总收入的2.5倍。2011年度接待海内外游客105万人次，实现门票收入7100万元，和上年同比增长幅度均超过31%，创下历史最好纪录。黄龙洞门票收入已经连续五年在全国已开放的近400个旅游溶洞同行中位居第一。

3.2 饭店投资模式

3.2.1 新建

新建模式是指饭店集团通过拥有饭店的物业并对其进行经营管理来获得成员饭店数量的增加。目前单纯兴建饭店的项目很少，饭店建设大多与其他建设项目配合发展。

（1）房地产+饭店模式

这是一种以商业地产增值为导向的资本进入模式，通过借助房地产介入饭店业市场，具有降低成本、提升品牌、融借资金、税收优惠等多方面的优势。在开发房地产的项目中建造的高星级饭店，可以带来稳定的现金流，作为固定资产投资，实现资产的保值。此外，通过房地产项目建造饭店，房地产开发商可以依靠自己的规划、设计、施工、装修等优势，降低开发成本，避免因单独建造饭店而带来的各种税费，从而取得饭店与房地产互动双赢的效果。如碧桂园凤凰、世纪金源等集团及华天酒店集团都在采用这一投资模式。

(2) 旅游综合体模式

在旅游综合体开发中配套饭店，其中饭店的生存发展与该旅游项目本身发展息息相关。作为投资人，该旅游项目的赢利性是饭店选择进入最重要的指标。目前国内发展较好的旅游项目＋饭店进入模式有以下两种：①主题景区＋饭店。华侨城就采取了地产＋旅游＋饭店的发展方式，将主题文化和饭店体验相融合，获得了市场和顾客的认同。②自然景区＋饭店。万达集团等企业联合投资的"西双版纳国际旅游度假区"项目建有主题公园、雨林高尔夫球场、傣家秀剧院、高端度假饭店区、商业中心、三甲医院、旅游新城等7个主要功能区。杭州旅游集团在西溪湿地打造了一个集奢华五星级饭店、高端度假饭店、产权式饭店以及商业、博物馆、旅游集散中心于一身的多元化旅游综合体。

(3) 城市综合体模式

城市综合体一般将城市中商业、办公、居住、饭店、餐饮、会议、文娱等城市的三项以上功能在空间上进行组合，并在各部分建立一种相互依存、相互补充的能动关系，从而形成一个多功能、高效率、复杂而统一的综合体。每个城市综合体中一般都会布局一到多家高星级饭店，而且倾向于引进豪华品牌或奢华品牌，其主要目的是借饭店品牌提升区域形象，进而提升其地产和商业物业的价值。

3.2.2 租赁

新建饭店成本较高、建设周期长，而租赁经营可以节约成本，投入见效快，是经济型酒店的普遍选择。租赁经营是饭店集团通过签订租约，长期（一般为25年）租赁业主的饭店、土地、建筑物及家具等，然后由饭店集团作为法人直接经营。采取租赁经营可以使饭店集团在较小投资的情况下，租赁其他饭店或物业进行管理，从而使自己的连锁规模不断扩大。被租赁饭店的所有权不属于饭店集团，不过由于饭店集团对其拥有经营权，因而该饭店便成为饭店集团的一员。也有些饭店集团不准备经营自己拥有的某些饭店，便租让给其他饭店公司经营，条件是须按照原集团的名称、经营方向和规定进行连锁经营。在这两种情况下，饭店的所有权和经营权分开，经营公司只承担经营风险，一旦经营失败，由于饭店大多数固定资产属于业主，可以受到保护，从而减少风险。租赁经营有三种形式：直接租赁、赢利分享租赁和售后回租。

浙江世贸君澜酒店集团在 2005 年经过前期的项目考察和评估，对杭州西湖四季湖滨酒店进行为期 10 年的租赁管理，根据集团品牌的要求和特征，对该饭店投资，进行装修和改建，委派管理班子进行全权管理，提升了租赁饭店的品牌价值。华天酒店集团在长沙、长春、株洲等城市先采取租赁经营的方式，待时机成熟再对饭店进行收购。

3.2.3 并购

并购是饭店集团进行扩张、实现超速成长的一种战略手段。目前我国的资本市场还较不发达，但随着饭店集团规模的增长和实力的增强，近年来在市场中已经出现了一些市场化的并购行为。比较典型的是如家连锁集团对北斗星和莫泰 168 的并购、锦江集团对美国州际集团的收购以及海航集团对西班牙 NH Hotels 股份的收购。虽然在国有饭店集团中我们看到了较多以国有资产重组方式实现的兼并收购，但是这些并购并非市场经济下企业的自主行为。

饭店集团的并购发展有利于降低企业的经营成本、迅速进入新的市场或增强在某些特定市场的实力、壮大集团的经营规模和资本实力。例如，一个拥有 600 家饭店的饭店集团并购了另外一个同样拥有 600 家饭店的饭店集团。若并购后的整合工作完成较好，合并后集团总部的管理人员数量将小于并购前两个总部管理人员数量的集合。并且，合并之后的集团在销售渠道费用、人力资源培养费用等方面的开支也会得到节省。

另外，饭店集团在发展到一定阶段后必然面临着进入新市场的选择，这种新市场可以是新的地理市场，也可以是新的产品市场。无论属于哪一种市场，以并购的方式进入都具有一定的优势。第一，以并购的方式进入新市场可以有效降低进入新市场的壁垒；第二，并购现有企业可以降低风险和成本；第三，并购模式进入市场的速度更快；第四，并购模式进入不会造成市场中的供给扩大，对供求平衡关系影响不大；第五，通过并购现有企业获得的人力资源有相对丰富的从业经验，可以避免新设企业时发生的招聘、培训成本。

3.3 旅行社投资模式

3.3.1 新设

旅行社业态向来走的是轻资产路线，投资额较小，注册资本仅需 30 万元。旅行社以法人资本和个人资本为主，个人资本在旅行社内占据了较高的比例，其所占比例高达39%（见表2-4）。《旅行社条例》规定："申请设立旅行社，经营国内旅游业务和入境旅游业务的，应当具备下列条件：（一）有固定的经营场所；（二）有必要的营业设施；（三）有不少于30万元的注册资本……旅行社应当自取得旅行社业务经营许可证之日起3个工作日内，在国务院旅游行政主管部门指定的银行开设专门的质量保证金账户，存入质量保证金，或者向作出许可的旅游行政管理部门提交依法取得的担保额度不低于相应质量保证金数额的银行担保。经营国内旅游业务和入境旅游业务的旅行社，应当存入质量保证金20万元；经营出境旅游业务的旅行社，应当增存质量保证金120万元。"

我国旅行社行业准入门槛相对较低，全国旅行社数量持续增加，行业竞争激烈，企业整体上规模较小。截至2011年底，全国旅行社的总数为23690家，同比增长3.98%。

3.3.2 连锁加盟

连锁经营是旅游企业联合经营的一种重要形式，早在第二次世界大战时期，国际旅游连锁企业已经出现。多年来境外餐饮业、酒店业成功连锁的案例已经证明连锁经营不仅是市场经济中"零售商业的革命"，更是建立现代化旅游产业的途径之一。近年来国内众多旅行社纷纷走上连锁经营之路。连锁经营可以分为直营连锁、特许连锁、自愿连锁三种类型。

（1）直营连锁（RC，Regular Chain）

即由公司总部全资或控股开设直营连锁店。通过利用连锁组织集中管理、分散销售的特点充分发挥规模效应，属于资本运作。总部采取纵深式的管理方式，直接下令掌管所有连锁店，连锁店也毫无疑问地必须完全接受总部的指挥。直营连锁的主要任务在于渠道经营，通过经营渠道的拓展从消费者手中获取利润。

中青旅控股股份有限公司是国内率先将"连锁经营"概念引入旅行社经营范畴的旅游企业。中青旅按照"轻资产、低成本、高效率"的扩张策略稳步推进。截至2011年末，公司已在北京设立38家连锁店。以北京为依托重点发展的华北大区已初步形成大兴、昌平、廊坊、唐山、秦皇岛、石家庄、太原由近及远的空间布局，协同效应初显。在华东地区，以公民业务落地上海为基础始建直营店，布局上海区域连锁经营，并加强与浙江、江苏子公司间的业务联系（见表3-2）。

表 3-2 中青旅直营连锁店

城市	连锁店数	城市	连锁店数	城市	连锁店数
北京	38	秦皇岛	1	南宁	1
廊坊	1	太原	3	广州	1
上海	4	南京	3	天津	5
唐山	1	乌鲁木齐	1	石家庄	1

（资料来源：http://cyts.aoyou.com/zhongqinglvliansuodian.html）

（2）特许加盟（FC，Franchise Chain）

特许加盟由拥有技术和管理经验的总部指导传授加盟店各项经营的技术经验，并收取一定比例的权利金及指导费，此种契约关系即为特许加盟。特许加盟总部必须拥有一套完整有效的运作技术优势从而转移指导，让加盟店能很快地运作，同时从中获取利益，加盟网络才能日益壮大。因此经营技术如何传承是特许经营的关键所在。早期的特许加盟被称为"产品品牌特许加盟"，又称"产品分销特许"，是指特许者向被特许者转让某一特定品牌产品的制造权和经销权。"经营模式特许加盟"属于第二代特许加盟，它不仅要求加盟店经营总店的产品和服务，而且质量标准与经营方针等都须按特许者规定的方式进行。特许者向被特许者收取加盟费和特许权使用费，并向被特许者提供培训、广告、研究开发及后续支持。

"广之旅"国际旅行社是国内最早实行特许加盟连锁经营的旅行社，经过二十多年的发展形成了成熟的特许加盟经营条件。广之旅目前在广州市内已拥有50家营业点，在全省已有200多家，营业网络遍布珠三角，构建了华南地区最为完善的销售网络，此外在香港、澳门、北京、云南、四川、马来西亚、澳大利亚等地设有分支机构，业务遍及全球100多个国家和地区（见表3-3）。

表 3-3 广之旅门市网点

城市	门市网点	城市	门市网点	城市	门市网点
广州市	50	肇庆	9	潮州	1
佛山	26	云浮	3	揭阳	1
顺德	12	茂名	5	普宁	2

续表

城市	门市网点	城市	门市网点	城市	门市网点
惠州	1	湛江	13	玉林	2
东莞	8	清远	4	北京	1
深圳	1	韶关	4	昆明	1
中山	13	河源	2	香港	1
珠海	2	梅州	1	澳门	1
江门	8	汕头	1	吉隆坡	1

（资料来源：http://www.gzl.com.cn/Page/Detail_132.html）

（3）自愿连锁（VC，Voluntary Chain）

自愿连锁是指中小零售企业在某一龙头企业或标识集团的统率下，通过自愿联合的方式组成经营联合体。自愿加入连锁体系的商店原已存在，而非像加盟店那样开店伊始就由连锁总公司辅导创立，所以在名称上有别于加盟店。自愿连锁在组织上主要表现为商品采购的联购分销、信息共享、业务经营互利合作、自有品牌开发互通有无。与直营连锁、特许连锁不同，自愿连锁群体的各成员企业仍保持自己的资产所有权并进行独立财务核算。

春秋国旅是国内连锁经营、最多全资公司、最具规模的旅游批发商和包机批发商。春秋国旅使用自行研发的电脑系统采用自愿连锁经营模式，总社以整合旅游资源、设计旅游产品为主，销售工作则交给代理商（即其网络成员）。对春秋来说，网络成员成为春秋伸向各个市场的触角；对各个网络成员社来说，加入春秋旅行社为它们明确了自身的市场定位，针对特定市场做代理，也可以出售自身擅长的线路旅游产品。目前春秋已经成为国内拥有连锁经营网点最多的旅行社，4000多个网络终端发出的游客信息被汇聚到春秋国旅总部电脑中，经过分析处理后分布于全国各地的游客被归类组团到相应的连锁网络，实现了"散客天天发，一个人也能游天下"的竞争优势。

3.3.3 收购

旅游需求的大众化决定了旅行社行业不适合采取高度集中的经营方式，旅行社的网络化布局将成为社会现实需求。在行业过度竞争和经营网络化的双重压力下，旅行社如果选择横向并购模式，就能够实现网络化布局，获取规模经济，实现1+1>2的协同效应。同时我国旅行社行业已经进入微利时代，面对旅行社行业利润空间的不断萎缩，如何充分挖掘利润增长的空间就成为每家旅行社不得不考虑的重要问题。面对这种压力，旅行社如果选择纵向并购模式就能够改变自身在旅游产业链上的被动地位，且能够在一定程度上降低交易费用，实现范围经济，有效地提升利润空间，因此我国旅行社纵向并购具有很强的现实性。

我国旅行社并购始于20世纪90年代末期，进入21世纪后我国旅行社的并购活动异常频繁，一度掀起了我国旅行社行业的并购浪潮。并购这种在较短时间内实现企业成长发展的资本运营手段，正逐步成为我国旅行社成长壮大的重要选择。

为了扩充旅行社经营网络，取得核心竞争力和规模经济效益，中国旅行社总社在2002年相继完成对河北、大连、内蒙古、江苏、湖北、广西中国旅行社等13家旅行社的控股并购及改制，同时在境外对瑞典中国旅行社完成了整体收购。

中青旅上市前，公司的控制能力相对较弱。上市后，公司通过收购、兼并等方式控股香港、广西、江苏、浙江等地方社，逐步实现以资产为纽带进行运作。通过实施规模扩展战略，扩大了市场份额，实现了规模效益。

2011年6月，上海携程国际旅行社有限公司正式收购南京人人国际旅行社有限公司。这次收购有利于携程线上、线下业务优势结合，完善长三角地区"一站式"服务能力，进一步拓展休闲旅游市场，引领网络平台与旅游服务为一体的"在线旅行社"模式。

第4章 旅游投资业态

随着旅游市场环境和制度环境的转型与变革，中国旅游产业运行主体的商业形态和运营模式正在经历着战略意义上的演进与发展，传统的旅游业态自我变革，创新的旅游业态不断产生，呈现出旅游消费动机更加多元化、出行方式更加多样化、出游时间更加分散化、投资主体更加多元化的特点，新产品、新方式、新市场层出不穷。新兴业态在原来传统旅游业态的基础上经过产业间不断发展、演变、融合、创新，逐渐成为构建整个"大旅游业"的新生力量和主力军。除了传统业态以外，下面我们主要对近期发展迅速、投资前景较好的业态进行一下梳理。

4.1 景区

长期以来我国对于景区（景点）的投资供给相对充足，景区（景点）是我国在旅游业发展起步之后集中精力发展的领域。在景区（景点）的投资建设上，经历了从原始粗放式到精品化包装提升的过程，原有的产品不论是在外观、类型，还是在品位、档次方面，都有了显著的改变。

随着中国经济高速发展和人民收入水平的上升，加上旅游消费观念的转变，国内旅游市场得到蓬勃发展，大量企业着手对景区（景点）进行投资开发建设。不仅仅是那些风景名胜区和文物保护单位开展了旅游经营，各种民营企业也对景区景点进行投资，通过开发不同类型的旅游产品来吸引旅游者的眼球，达到获取经济效益的目的。目前的景区景点投资仍然以国有资本和国内民营资本为主，不过随着各种法律规范的健全，外资也将会大量介入景区景点的投资。

截至2011年底，我国共有景区20976家。其中，传统观光型（自然类和历史文化类）仍是景区主体，占全国景区总量的41.82%（见图4-1）。

2011年旅游投资总额中用于旅游景区项目的占到41%，远远高于其他投资方向（如表4-1）。该部分资金的投入主要涉及两大类：一是景区整体性投资。随着社会资本参与景区经营越来越多，很多企业不惜投入巨资争取景区经营权，尤其是近郊类生态类景区成为广大投资商的投资热点。二是投资进行现有旅游产品深度开发。随着国际旅游竞争的日益国内化，许多现有国内景区面临如何提升吸引力和影响力的问题，有很大一部分投资将用于现有景区的"二次创业"，重点在于功能设施的完善和接待服务设施的提升和改造。

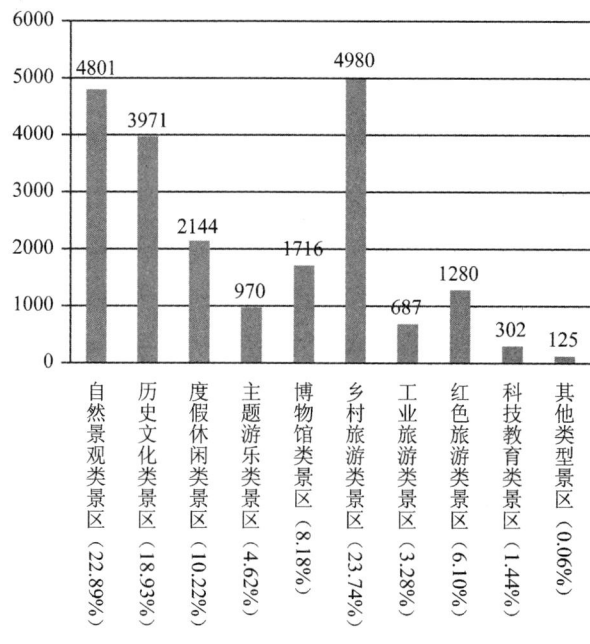

图4-1 各类旅游景区的数量

（资料来源：《大旅游》，2012.10）

表4-1 2009—2011年旅游投资流向（亿元）

流向 年份	基础设施	旅游饭店	旅游景区	旅游车船	人力资源培训	旅游演出	旅游购物（场所）	其他
2009	263.45 (16.8%)	285.61 (18.2%)	781.67 (49.9%)	11.15 (0.71%)	25.45 (1.6%)	7.75 (0.49%)	94.58 (6.04%)	96.69 (6.2%)

续表

流向 年份	基础设施	旅游饭店	旅游景区	旅游车船	人力资源培训	旅游演出	旅游购物（场所）	其他
2010	602.47 （23.8%）	441.83 （17.4%）	1144.2 （45.2%）	8.25 （0.33%）	45.05 （1.8%）	18.41 （0.73%）	101.5 （4.0%）	172.05 （6.8%）
2011	374.69 （18.2%）	500.99 （24.3%）	851.9 （41.3%）	13.55 （0.66%）	19.72 （0.96%）	21.19 （1.03%）	93.79 （4.5%）	188.4 （9.1%）

（资料来源：2012中国旅游投资报告）

4.2 饭店

饭店业是我国与国际接轨最早、开放步伐最快的行业之一，是中国改革开放的形象和窗口。由于国家在这一领域很长时间内没有限制，导致长期以来对饭店业的投入资金占整个旅游行业的比例较高。

2011年旅游饭店项目投资达到500.99亿元，占旅游投资总额的24.3%，比上年增长13.4%，仅次于景区类项目，单体项目平均投资额达到3.35亿元。相对于东部沿海发达地区高星级饭店仍发展很快的态势，大部分地区经济型酒店和中等规模的高端酒店已成为近年来酒店投资的方向。青年旅舍和经济型连锁酒店前景看好，经济型酒店经过多年发展，已经形成多样化投资主体群，并在市场上形成了一些有影响力的知名品牌（如家快捷、锦江之星、速8，等等），进一步促进了旅游住宿消费市场的细分化。而大中城市的高星级商务酒店、重点旅游城市的旅游饭店建设，中西部地区住宿接待设施的新建和改造，以及各类主题酒店、经济型酒店、会议酒店、度假酒店等专题酒店的建设，也都是宾馆饭店领域的重点投资方向。

截至2012年底，市场上共有11706家星级饭店，其中包括654家五星级饭店、2201家四星级饭店、5545家三星级饭店、3155家二星级饭店、151家一星级饭店。星级饭店经营情况见表4-2。

据盈碟酒店咨询的统计，2012年我国经济型饭店总数已达到9924家，与2011年底相比增加了2610家，增长幅度为35.68%，客房总数达到981712间，与2011年底相比增加了234667间，增长幅度为31.41%（见图4-2）。

近年来，我国经济型酒店数量增长迅速，尽管经历了 2008 年全球性金融危机，但并未放慢发展脚步，始终保持强劲增幅。随着 7 天在纽交所及汉庭在纳斯达克的成功上市，相信这股热潮还会持续相当长的一段时间。

表 4-2　2012 年第四季度全国星级饭店经营情况

项目 星级	饭店数量	营业收入（亿元）	餐饮收入比重（%）	客房收入比重（%）
合计	11706	654.38	46.44	40.60
一星级	151	0.90	38.34	53.89
二星级	3155	43.61	40.77	41.49
三星级	5545	186.63	48.74	38.26
四星级	2201	219.46	47.40	39.61
五星级	654	203.78	44.54	43.56

（资料来源：http://www.cnta.gov.cn/html/2013-2/2013-2-22-16-2-05995.html）

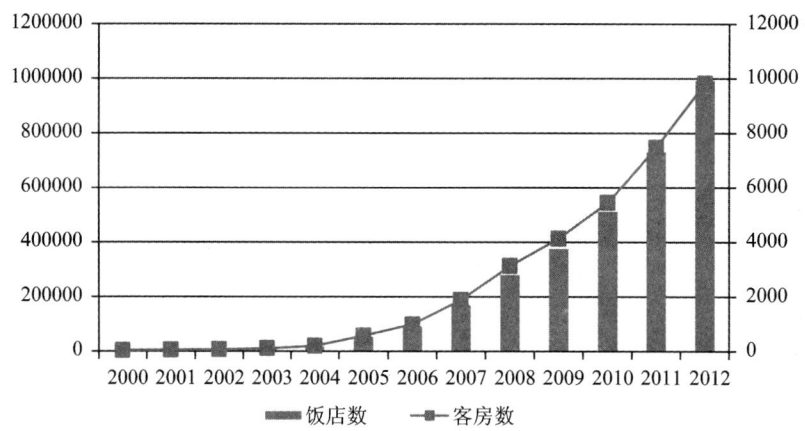

图 4-2　全国经济型酒店规模增长情况

（资料来源：盈碟咨询）

4.3　旅行社

旅行社在旅游产业链条中处于市场组织地位，对于旅游市场的稳定与发展有着不可替代的重要作用。近年来，我国旅行社产业运行环境和商业模式都处于剧烈的变革中。随着国民旅游稳居我国旅游经济运行的绝对主体地位，特别是出境旅游的持续繁荣，我国已经成为亚洲最大的国际旅游客源国。在这一背景下，传统旅行社的经营活动重心越来越转向客源的组织和产品的开发。由于旅行社本身经营成本较低、占用资金不多，旅行社领域吸纳资金不足，缺乏大规模的旅行社集团。

目前我国旅行社数量虽然不断增加，但是投资额增幅较小，总体发展后劲不足，有待进一步整合资源，提升总体实力。2011年我国旅行社数量为23690家，固定资产总额（原值）为817.94亿元。从图4-3可以看出，近年来我国旅行社固定资产增幅小于企业数量增幅，未来有改善空间。

中国旅行社产业在深度发展和激烈竞争进程中，呈现出产业集中与投资分散并存的新特征。大量的旅行社企业正在谋求多种途径和多样方式的规模扩张与产业融合，以期在不断扩容的中国旅游市场上追求更多、更强、更广的产业话语权，并借此巩固或争夺自己在市场的主导地位。大型旅游企业集团特别是大型国有旅游企业集团主导的旅行社产业集聚化进程呈现出加快发展的态势，如中青旅、春秋国旅、中旅等（见表4-3）。

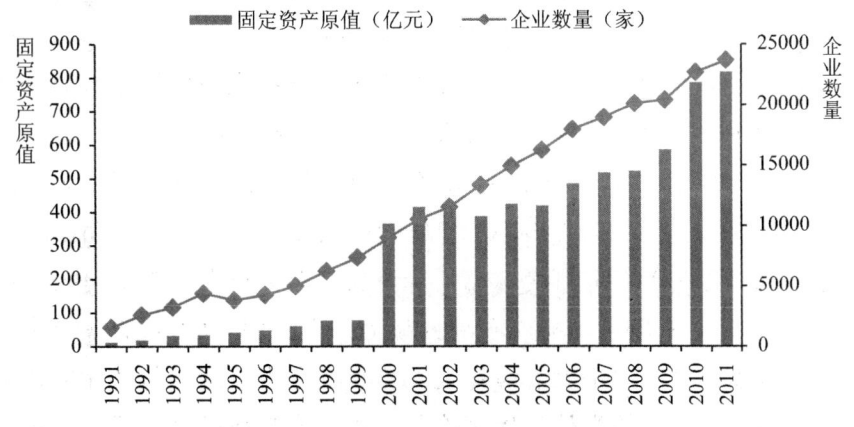

图4-3 旅行社固定资产规模和企业数量

（数据来源：中国旅游统计年鉴）

表 4-3　2012 年度全国旅行社集团十强名单

名次	许可证编号	旅行社名称
1	L-BJ-CJ00003	中青旅控股股份有限公司
2	L-SH-CJ00009	上海春秋国际旅行社（集团）有限公司
3	L-BJ-CJ00002	中国旅行社总社有限公司
4	L-BJ-CJ00001	中国国际旅行社总社有限公司
5	L-GD-CJ00002	广东省中国旅行社股份有限公司
6	L-BJ-CJ00011	中国康辉旅行社集团有限责任公司
7	L-SH-CJ00002	上海锦江国际旅游股份有限公司
8	L-GD-CJ00004	广州广之旅国际旅行社股份有限公司
9	L-HUN-CJ00002	湖南省亲和力旅游国际旅行社有限公司
10	L-SH-CJ00011	上海航空国际旅游（集团）有限公司

（资料来源：http://www.cnta.gov.cn/html/2013-7/2013-7-5-16-11-29046.html）

4.4　旅游电子商务

旅游电子商务又称在线旅游交易，是指旅游消费者主要通过互联网向旅游服务提供商预订机票、酒店、度假产品等旅游产品或服务的一系列商业活动。结合中国在线旅游的现状，消费者从在线旅游服务提供商的网站查询，并通过呼叫中心预订成功的交易，一般也被认为是在线旅游交易。

20 世纪 90 年代末，全球互联网投资高潮兴起，我国第一家旅游网站华夏旅游网于 1997 年成立。1999 年，携程旅行网成立，通过会员卡及电话进行酒店、机票等旅游相关产品的销售成为了一种新的服务业态，被认为是国内旅游电子商务的开端。以 2003 年携程上市为标志，以 OTA 为代表的在线旅游这一新业态开始成型并被广大消费者所接受，并吸引了大量的模仿者。但是由于人们对在线旅游的消费习惯尚处于培育阶段，业务范畴都仅限于"机票预订 + 酒店预订"的"佣金模式"。

2006 年前后，随着电子商务市场逐步成熟，一方面，像途牛网这样的以旅游线路和自助游为主营产品的专业旅游服务网站出现；另一方面，随着人们对于信息搜索需求的增加，去哪儿这样的旅游信息垂直搜索网站应运而生。与此同时，一些过去从事传统旅游行业的企业，例如芒果网、同程网等，凭借过去线下旅游服务的优势,也将业务触角延伸至了在线旅游领域。

2008年,受金融危机影响,选择更为经济实惠的线路、减少旅行支出成为旅游爱好者最为看重的因素。在这种消费趋势下,着重于帮游客省钱、针对背包客市场的穷游网等成为消费者新宠。同时,为了满足日益增长的旅游信息、体验等的分享与交流需求,蚂蜂窝、到到网等旅游点评社交网站开始大行其道。经历了十多年的发展,OTA、垂直搜索、旅游点评社交这三类典型电商企业在中国也均已出现。

艾瑞咨询发布的《中国在线旅游行业年度监测报告》显示,2012年,中国在线旅游市场交易规模达1708.6亿元,同比增长30.0%(见图4-4)。其中:在线机票交易规模约1042.0亿元,趋于成熟;在线酒店交易规模为397.4亿元,市场加速重构;在线度假市场交易规模为211.9亿元,在线自助游预订快速增长;OTA市场营收规模为93.2亿元,营收结构进一步调整。

"智慧旅游"成为旅游投资的一项重要内容。以信息化、智能化为发展先导的智慧旅游主要包括了导航、导游、导览和导购四个基本功能,利用互联网及通信器材将信息快速传递,从而改变游客的旅游行为模式,也是今后旅游业转型升级的重要抓手和重大革新载体。国内也出现了一批专门从事"智慧旅游工程"开发的专业公司。如2011年腾讯斥资8440万美元投资艺龙,百度跟进3.06亿美元成为去哪儿网最大机构股东。

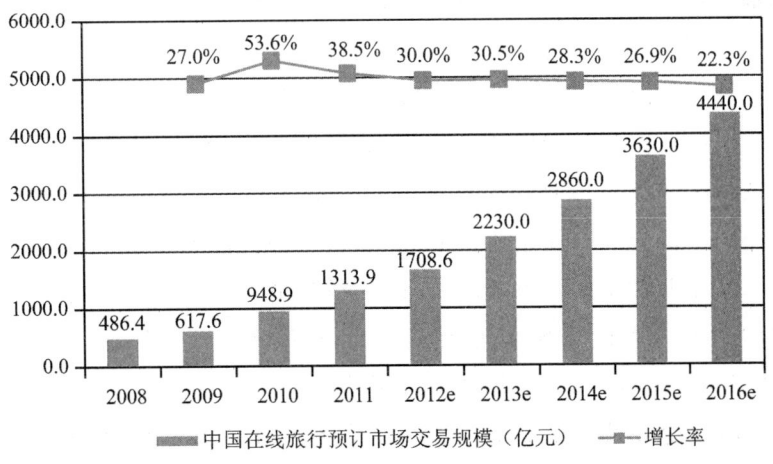

图4-4 中国在线旅游预订市场交易规模

(资料来源:http://www.iresearch.cn/)

4.5 邮轮游艇

一般把在海上航行的客轮称为"邮轮",把江河中航行的客轮称为"游轮",小型的客轮则称为"游船",把较小的、私人的、只能在近海或港湾航行的小型船只称为"游艇"。邮轮游艇产业在我国属于新兴产业,国务院《关于发展旅游业的意见》和《海南国际旅游岛建设发展若干意见》的实施,给处于起步阶段的我国邮轮游艇产业的发展带来极大的发展机遇与契机。2011年,我国投入建设的邮轮游艇类项目达20个,投资额329亿元。

邮轮旅游是我国近年来新兴的旅游产品新业态,随着我国经济和社会的不断发展,近些年我国邮轮市场趋于活跃,人们对新型海洋休闲旅游——邮轮旅游产品的需求日益增加。2006年7月,哥诗达公司"爱兰歌娜"号邮轮在上海北外滩客运码头首航,开出了第一条以上海为母港往返于中日韩之间的国际邮轮定班航线,此举意味着中国游客直接从本土登轮成为现实,我国母港邮轮市场正式形成。

2010年中国大陆接待国际邮轮233个航次,比上年增长43%;2010年乘坐邮轮出境旅游的大陆游客79万人次,比2009年增长20.1%,乘邮轮来华的国际游客46.2万人次,比2009年增长15.5%。2011年,我国大陆全年接待国际邮轮262航次,同比增长17.5%;接待邮轮出入境游客50.45万人次。其中,从中国沿海城市出发的国际邮轮142艘次,同比增长49.5%。

从邮轮母港建设来看,我国已建成邮轮母港四个:上海、天津、三亚和厦门。大连、舟山、广州、深圳等地都提出或正在建设邮轮母港。截至2010年,在我国大陆从事国际邮轮业务的有意大利哥诗达邮轮公司、皇家加勒比国际邮轮公司、丽星邮轮公司、地中海邮轮公司、公主邮轮公司等。中国第一家也是唯一的一家本土邮轮公司"海航旅业邮轮游艇管理有限公司"已于2012年9月8日在"第七届中国邮轮产业发展大会(天津)"上首度亮相。海航旅业"Henna号邮轮"计划于2013年初投入运营。

目前中国游轮市场主要集中在长江。作为世界四大游轮市场之一,长江航线长,资源丰富,游轮市场前景广阔。2011年,长江三峡游轮接待海内外游客43万人次,同比增长29.9%,其中国内客源占60%,江、浙、沪、粤、京、闽等经济发达地区游客居多。未来20年,长江游船旅游将可能保持20%以上的增长速度，并逐渐成为常态化旅游产品。

近两年，中国的游艇产业从南向北快速发展。辽宁、河北、山东、江苏、上海、浙江、福建、广东、海南等沿海和内陆水上资源丰富且经济相对发达的省市游艇业已有所发展，其中以深圳、上海、青岛、日照等地发展较快。据统计，中国游艇俱乐部已达99家，其中28家建成、26家在建、45家完成规划，游艇保有量在1200艘至1500艘。在游艇制造企业群中，公司游艇、休闲娱乐游艇、观光旅游游艇制造企业等占23%，约为82家。

4.6 旅游演艺

文化与旅游两者之间，有着天然的紧密联系。党的十七届六中全会提出，"推动文化产业与旅游、体育、信息、物流、建筑等产业融合发展，增加相关产业文化含量，延伸文化产业链，提高附加值"，这对推动文化和旅游相结合提出了明确要求。2009年9月，文化部和国家旅游局共同发布了《关于促进文化与旅游结合发展的指导意见》。

近年来，越来越多的地方把推动文化与旅游相结合作为贯彻落实科学发展观、加快转变经济发展方式、推动文化产业成为国民经济支柱性产业的重要突破口，积极推动文化与旅游在更大范围、更广领域、更高层次上深度融合，文化与旅游呈现出相互促进、相得益彰的可喜局面，旅游演艺也已成长为一个重要的旅游产业部门。

旅游演艺通过独特的创意，将目的地的文化风情、自然景观、历史典故、现代表演艺术和现代科技表现手段巧妙地结合在一起。它不再是作为旅游接待设施或旅游吸引物的附属或补充之物，而是直接走到了前台，自己成为独具魅力的旅游吸引物，成为旅游目的地的一个重要组成部分。从张艺谋的《印象·刘三姐》大型实景演出在2004年首演获得空前成功后，各地都开始筹划各类大型演艺广场，并借此提高品牌知名度。近年来，华侨城集团、万达集团、宋城集团都开始涉足这一领域。2011年，我国投入建设的文化演艺类项目达41个，投资额448亿元。

作为中央企业中少数以文化为主营业务的企业，华侨城集团开始构筑一个具有世界级影响力的文化旅游王国，在欢乐海岸推出的大型多媒体激光主题水秀《深蓝秘境》，与世界排名第三的主题娱乐行业巨头——美国环球影城集团签署了谅解备忘录。万达集团与闻名全球的美国弗兰克公司合资成立演艺公司，将投资 100 亿元在武汉、大连、三亚等地推出 5 台世界高水平的舞台演艺节目，打造具有全球影响力的中国文化品牌。宋城集团开始与国内 5A 级旅游景区开展合作，陆续和三亚、峨眉山、武夷山和石林等地方政府或管委会签订了合作意向或协议，计划投资近 20 亿开发大型演艺项目。2012 年 9 月 28 日，曲江文旅成功借壳上市，正式以文化旅游产业领军者的身份现身中国资本市场。曲江文旅致力于"打造具有持久效应的文化主题活动及项目品牌"。旗下各景区平均每年举办的各类文化演出活动多达 2 万余场，其中"曲江国际光影艺术节"、"曲江遗址公园音乐节"及旗下大唐芙蓉园"上巳节"、"中秋祭月"等品牌活动，效果显著。大型诗画舞剧《梦回大唐》、水幕电影《齐天大圣》、世界非物质文化遗产《东仓鼓乐》、陕西省非物质文化遗产《寒窑故事》、曲江尔雅女子游学院、寒窑相亲会等文化旅游体验项目，更成为曲江文旅品牌活力的象征，成为旅游行业点击的焦点和热点，也给当地市民和海内外游客带来无可比拟的文化盛宴。

4.7 旅游综合体

旅游综合体是指集休闲、度假、娱乐、观光、购物、会议等多种功能和设施于一身的综合性项目。近年来，旅游综合体开发被各地寄予厚望，正在各城市和旅游景区周边轰轰烈烈地展开。小尺度的如度假村、中尺度的如旅游景区、大尺度的如旅游城市，都将旅游综合体视为自身复兴和提档升级的法宝。杭州更是提出将整个城市视为一个大型旅游综合体，以实现从"旅游城市"向"城市旅游"的转变。2011 年全国旅游综合体项目个数达 881 个，涉及总投资额 10961.2 亿元，平均项目投资达到 12.44 亿元，是全国项目平均投资额的 1.2 倍。

旅游综合体的蓬勃发展是顺应时代发展的产物。长期以来，大部分旅游项目开发规模小、档次低、重复性建设、缺乏规划、布局凌乱，严重制约了旅游目的地的发展。在旅游业纳入国家战略后，各地的旅游投资热情再一次被激发，旅游综合体既契合了政府改善投资环境、提升城市形象和发展旅游业的需要，也符合旅游消费升级后旅游供给必须相应升级和创新的需要，于是旅游综合体开发迅速从杭州等地向全国蔓延开来。

旅游综合体开发通常有两种类型，一是依托著名旅游目的地进行相关开发，如万达集团的长白山国际旅游度假区、杭州旅游集团的西溪天堂等项目；二是依托城市进行开发，如深圳东部华侨城、迪拜的阿联酋购物中心等，都是集室内滑雪场、高星级酒店、大型购物中心等于一身的旅游综合体。旅游综合体本身就形成一个旅游吸引物，并以此为核心打造一个新的目的地。但旅游综合体不可能独立于旅游景区或城市发展，必须与区域发展战略相统筹，与区域发展规划相衔接。

从开发的主体来看，房地产开发商和旅游企业集团是最为活跃的两类旅游综合体投资主体，前者如万达集团等，后者如杭州旅游集团等，而华侨城似乎介于两者之间。大型房地产开发商往往成功运作过众多住宅地产、商业地产甚至城市综合体的项目，项目运作经验丰富，融资能力很强，但鉴于旅游综合体的特殊性，如果仍然承袭做地产的思维来打造旅游综合体，把旅游概念视为其包装和营销地产项目的噱头，那么旅游综合体的生命力将难以持续。而对于旅游企业来说，旅游综合体的投资也是一个全新的事物，和以前单纯做酒店、景区或旅行社都有很大差别。因此，做旅游综合体还是需要一个不断摸索、不断学习和不断创新的过程。

4.8 旅游装备制造

我国旅游装备制造业的发展尚处于起步阶段，远远不能满足旅游业快速发展的需求。目前，我国还没有国产的海洋邮轮，另外，旅游房车、游艇、景区索道、大型游乐设施等产品的国产化水平还不高，高星级宾馆饭店的建筑材料及各类用品还需大量进口。因此，旅游装备制造将是未来旅游投资的重要方向。

2010年7月，国务院办公厅印发了《贯彻落实国务院关于加快发展旅游业意见重点工作分工方案》，国务院各部门贯彻落实《国务院关于加快发展旅游业的意见》重点工作分工得到明确。分工方案提出，大力培育发展具有自主知识产权的休闲、登山、滑雪、潜水、露营、探险、高尔夫等各类户外活动用品及宾馆饭店专用产品。根据方案，发改委和工信部将把旅游房车、邮轮游艇、景区索道、游乐设施和数字导览设施等旅游装备制造业纳入国家鼓励类产业目录。

2012年5月,国务院国资委与国家旅游局在京签署合作备忘录,进一步深化沟通合作。国家旅游局局长邵琪伟指出,建设旅游战略性支柱产业,要大力推进旅游业与第二产业的融合发展,重点是发展旅游装备制造业。重工机械、船舶制造、航运航空等中央企业在率先发展大型旅游装备制造业上具有特殊优势。旅游装备制造业的主要企业有三特索道、探路者、金龙客车、宇通客车等多家大型公司。

近年来,旅游装备业的交投活跃。2012中国旅游产业博览会期间,参观者突破20万人次,参加业务洽谈人数39376人次;签订采购房车、游艇、旅游大客车、旅游设施及旅游商品等合同210项,意向签约942项,交易和意向金额达30.6亿元。

我国的户外用品市场潜力巨大,户外行业持续高速增长。根据中国纺织品商业协会户外用品分会(COCA)的统计,2011年我国户外用品行业出货额和零售额分别为54.3亿元和107.6亿元,同比增长69.16%、50.91%。2000年到2010年这10年间,中国的户外用品市场零售总额以年均47.33%的速度增长,保持着持续快速的发展态势,并已成为零售板块中增速最快的细分行业之一。大量专业的调查显示,家庭户外旅游将成为大众户外运动的主流。

另外一个与旅游装备制造业相关的行业是游乐设备制造,旅游业的发展与游乐园业、游乐设施业密切相关。像深圳华侨城的欢乐谷就是通过建造主题游乐园,配备高水准的游乐设施设备,来积极带动旅游业的发展。进入21世纪以来,中国游乐设备制造业逐步成熟,当前现有游乐设备生产厂家200余家,每年为中国游乐设备行业供应约100亿元的游乐设备,并陆续进入非洲、亚洲、欧洲、拉美等市场。我国现有游乐场(园)2000余家,其中中型以上游乐园(场)427家,年营业收入200多亿元人民币,全行业共构成产值500亿元人民币以上。游乐设备行业带动其他领域如文化、创意产业的发展,已成为中国现代服务业、旅游业的重要生力军。据不完全统计,2011年全国游乐行业投资额达500亿元人民币,游乐行业步入了一个高速发展时期。

4.9 廉价航空

廉价航空公司(Low Cost Airline / Carrier 或 No Frill Airline)又称为低价航空公司,指的是票价比一般航空公司便宜的新型航空公司。由于航空公司间的竞争激烈，一些中小型的航空公司逐渐以低廉的票价作为卖点。随着我国居民收入的提高和旅游业的飞速发展，飞机成为常用的中长途交通工具，许多游客只要求能够快速安全地到达目的地，并不需要很高级的服务，因此打开了低价航空公司的市场。自助成分较强的服务和简便快捷的登入，使廉价航空公司航线服务成为航空交通公交化的门槛。低成本航空迎合了百姓大众的消费习惯，其市场空间相当广阔。从长远来看，我国低成本航空市场前景广阔，低成本航空公司也会日益显示出自身的优势并逐步完善与成熟。未来低成本航空的成功运作势必惠及更多的百姓市民，同时也将会促进中国民航业进一步走向繁荣。

我国民航从小到大，发展迅速，已经成为世界上第二大航空运输系统。截至2011年底，民航全行业运输飞机在册架数1764架，比上年增加144架。全行业完成旅客运输量29317万人次。中国民用飞机的数量变化见图4-5。

2005年，亚洲航空首开厦门航线，99元的低价机票让廉价航空的概念登陆中国。紧随其后的是廉价航空新加坡欣丰虎航，率先打入中国枢纽机场，2006年成功开航广州。2009年12月，捷星航空首开中国内地航线，188元海口直飞新加坡。齐聚中国的亚洲三大廉价航空，不约而同将中国视为潜力巨大的廉价航空市场，加快网络布局的同时，争推中文服务网站。国外廉价航空抢滩中国市场，将逼迫国内航空公司加快低成本运营的商业模式变革。

春秋航空有限公司是首个中国民营资本独资经营的廉价航空公司。春秋航空有限公司经中国民用航空总局批准成立于2004年5月26日，由春秋旅行社创办，注册资本8000万元人民币。创立之初，只有3架租赁的空客A320飞机，经营国内航空客货运输业务和旅游客运包机运输业务。春秋航空平均上座率达到95.4%，成为国内民航客座率最高的航空公司。2011年春秋航空营业收入超过43亿元，净利润破4.7亿元，有员工5000多人。春秋航空目前拥有33架空客A320-200型客机，均为统一构型，全经济舱配置。

2012年11月22日，东方航空董事长刘绍勇在出席某论坛时表示，东航与澳航（Qantas）附属捷星合营的廉价航空公司捷星香港，最快将在2013年投入营运。这也意味着，未来在国内市场上，廉价航空的竞争将越发激烈。

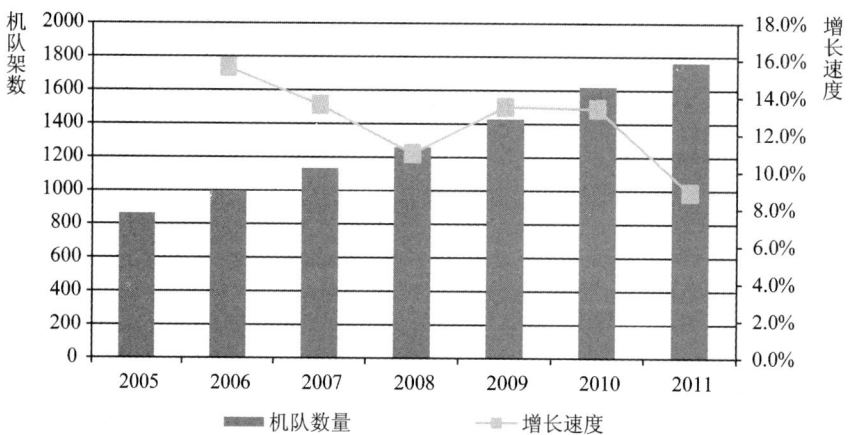

图 4-5 我国机队规模及增长速度

（资料来源：《大旅游》，2012.10）

4.10 旅游租车

汽车租赁行业在中国刚刚起步，租车对于绝大多数消费者来说还是一个新兴事物。目前租车市场分为长租跟短租两大类，长租以公司租赁为主，而短租的目的以商务接待、自驾出游、返乡探亲为主。汽车租赁行业是一个重资产、高投入、效益产出慢的行业，在我国这一现象更为明显。由于汽车租赁行业在我国还属于新兴事物，与之配套的金融、保险、二手市场等还比较欠缺，因此相对于国外成熟市场，国内租车公司都将面临高投入、慢产出的现状。毕竟这个行业不同于传统零售业，而是通过单位时间的使用权转移来慢慢收回前期的投入成本。尽管国内汽车租赁业还处于发展初期，但行业的潜力仍有待开发，业界普遍认同爆发式增长已经临近。

国际著名汽车租赁公司赫兹、安飞士，早在十年前已经紧盯中国市场。尤其是安飞士，与上汽集团旗下的上海汽车工业销售总公司各出资50%成立安吉汽车租赁公司，近年不断在华增设网点。在不到3年的时间内，安飞士已经在国内几大主要城市设立了10个租车连锁门店。在近几年"十一"黄金周期间用于短租的车辆就有200多辆，近年该公司车辆总数已超过2000辆。目前该品牌已覆盖上海、北京、广州、苏州和深圳等28个城市，拥有38个营业网点。

与国际著名租赁公司早早在华布局相比，国内有实力的租赁公司颇有后来居上之势。截至2012年9月，国内大型租车公司之一的神州租车在国内66个主要城市和52个主要机场拥有600余个租车网点，车队规模约36000台。一嗨租车公司在全国50多个城市开设了近400个网点，现拥有80多种车型的近万辆车。于2006年才正式成立的一嗨租车，次年已经开始实现年度盈利。

2010年，全国汽车租赁企业超过5000家，租赁汽车总数超过10万辆，其中小汽车所占比重达90%，以经济型为主，高档车比例相对较低。规模较大的汽车租赁企业主要集中在大城市及沿海经济发达地区。一线城市，即北京、上海、广州、深圳，租赁汽车数量7.03万辆；二线城市，即除一线城市之外的省会城市、直辖市和计划单列市，租赁汽车数量为2.61万辆；三线城市，即各省其他重要城市，租赁汽车数量为1.01万辆（见表4-4）。2010年汽车租赁企业营业收入约为140亿元。预计到2015年汽车租赁需求将达到30万至50万辆，营业收入200亿元。

租车行业的光明前景引起了投资大鳄的注意，资本机构开始关注中国租车领域。2010年8月，总部设在北京的神州租车得到联想控股至少10亿的巨额注资，2012年7月，神州租车获得美国华平集团2亿美元股权投资。一嗨租车曾在2008年3月底获得启明创投与Ignition Capital的500万美元首轮投资，并于2009年7月完成第二轮融资，融资金额2000万美元，由鼎晖创投领投、集富亚洲及启明创投跟投，前两轮股权融资总额达2500万美元。2010年8月，一嗨租车完成第三轮巨额融资，该轮投资由高盛领头，现有股东启明创投、鼎晖创投、Ignition Capital、集富亚洲和汉理资本均跟投，总金额达7000万美元。

表4-4 租赁汽车数量占汽车总保有量的比例

城市	汽车总保有量	租赁汽车数量
一线城市	844万辆（99.19%）	7.03万辆（0.81%）
二线城市	1563万辆（99.83%）	2.61万辆（0.17%）
三线城市	3872万辆（99.97%）	1.01万辆（0.03%）

（资料来源：《大旅游》，2012.10）

第5章 旅游投资展望与政策建议

5.1 旅游投资发展趋势

5.1.1 跨区域的规模化投资引领投资走向

随着国内大型旅游企业集团的不断崛起,旅游经济规模化将成为中国旅游业未来的投资走向。旅游集团一方面在投资项目上以建立健全产业体系、形成产业规模为目的,对旅游资源进行成规模、成系列的综合性开发,以项目规模启动市场规模,由规模效益维持投资项目的生命力。另一方面以产品的横向开拓为重点,针对资源特色,集中力量进行整体开发,围绕优势资源建立要素结构完整的产业体系,形成连片成线的旅游发展基地。

从项目结构上看,大型和特大型旅游项目越来越多,如万达集团在长白山、西双版纳、大连金石等地打造国际一流水准的旅游度假区,总投资超过1000亿元;世茂集团投资500亿元在大连建设世贸嘉年华项目。地方政府也热衷于吸引大型旅游投资,如福建漳州市与首都旅游集团签署合作协议,计划投资26亿元合作开发土楼资源;三亚市计划投资50亿元打造"国际免税城";江苏盱眙县联合南京金陵饭店集团投资60亿打造"金陵天泉湖商务中心区"。从区域投资规模来看,旅游投资额动辄数百亿甚至上千亿元。大型旅游投资仍将成为区域未来较长一段时间的热点。

5.1.2 跨行业投资为旅游投资发展注入新动力

跨行业投资旅游业成为普遍现象。近年来,一些企业集团在我国经济快速发展过程中,实力增长迅速,资本积累充足。为了实现资本的保值增值,它们不断尝试新的投资领域,进行多元化经营。旅游业作为朝阳产业,具有高附加值、高成长性的特点,成为资本追逐的新热点,吸引了很多业外投资。尤其是电力、电信、石油、水利等国有企业集团和以煤炭、服装、电器、零售等为主业的企业集团，投资旅游业如火如荼。同时，一些外资、股份制企业（上市公司、各类基金等），也正在以直接投入开发、收购企业、参与股份等多种方式，进入旅游产业。

近年来，由于制造业的不景气和房地产业的宏观调控，由房地产等行业转身进入旅游业的投资商越来越多，由文化产业、农牧产业融入旅游发展的企业也逐渐增多。还有一些其他的大型企业，如过去做能源的、做建材业的集团也都在纷纷地进入旅游业（如联想、复星国际、泛海、用友等）。

大量新势力进入旅游业，表明对旅游行业的看好，更重要的是可能带来行业内大规模的兼并重组，旅游资源的价值可能被重估。这些新进入者资金实力雄厚、产业链优势明显、客户资源丰富，并且拥有比较新的视角，立足于大资源的整合而不是单个小的旅游项目，有助于发挥旅游业综合优势，带动关联产业共同发展。

5.1.3 基于产业融合的新业态投资将持续上升

产业融合可分为纵向融合和横向融合。纵向融合主要体现在产业链的延伸。传统的单一要素投资逐步让位于多要素的综合投资，旅游综合体即是产业链延伸的典型。首旅集团、海航旅业等大型旅游集团的投资领域已经覆盖并已经超出"吃、住、行、游、购、娱"等传统的旅游要素，从纵向和横向两个角度形成了完整的产业链条。横向融合方面，创新的业态越来越多，旅游与新兴产业混合成长的迹象已经显现。如百度与去哪儿网深度战略合作，成为去哪儿网的战略投资者；腾讯介入在线旅游业务，斥资8440万美元收购艺龙16%的股份，完成对艺龙网的战略投资。

海洋旅游、航空旅游、高山滑雪、温泉康体、邮轮游艇、自驾车等深度体验式项目，以及分时度假、旅游地产、住宿市场等旅游设施设备或装备，都成为新的投资领域。如深圳招商局集团投资的广东省深圳太子湾国际邮轮母港项目，将对位于蛇口半岛南端的太子湾原有码头区的功能进行调整和改造升级，按照高标准将其建设成为深圳唯一的集"海陆空铁"于一身的现代化国际邮轮母港。母港建成后，有望同香港迪士尼乐园并列成为深港西部旅游带的"双核"。

文化旅游融合项目呈现快速增长态势，大型的文化演艺、实景演出互动的体验投资越来越多，动漫产业、文化养生产业也成为新的热点。"十二五"期间，西宁市计划投资28.3亿元，共建设91个文化产业项目，将西宁市打造成为较为完善的青藏高原区域性文化中心,具有国际知名度的高原山水花园旅游名城。湖州将投资4.6亿元建设主题动漫乐园,该项目以影视文化与动漫乐园为主题,融旅游、科技、文化为一体。

5.1.4 地方融资平台日益活跃

由于旅游基础设施项目投入产出率低,投资回收期长,很多企业对旅游产品投资的兴趣不大,一些优质的旅游资源往往得不到有效开发。为了缓解这种局面,近年来,不少地方政府开始成立地方旅游投资平台公司,省级地域旅游投资整合浮出水面。在政府主导力度大、决心大、旅游业发展动力强劲的省份,如云南、陕西、吉林、重庆等,出于对本省旅游资源优势整合、集中融资、综合开发方面的考虑,纷纷组建了省级旅游投资开发公司。这些投资开发公司,通过资源管理体制改革、政府注资等方式成立,致力于省内经营不善旅游企业的管理提升,直接开发投资当地旅游资源,还以市场融资方式引进外资整合开发旅游产品。虽然有些旅游开发公司组建时间短,仍处在探索期,但这种机制对当地旅游总体形象的树立、旅游产品的统一开发、旅游融资水平的提高,具有积极意义。

2012年4月,贵州旅游投资控股公司与贵州省平塘县政府签署战略合作框架协议,前者将对平塘县的旅游资源进行整体开发,在未来5年将预计投资70亿元。2012年12月,河北旅游投资集团成立。该集团是河北省政府授权的全省专业化旅游产业投融资主体和国有资本运营主体,总资产规模近100亿元,净资产34亿元,将主要致力于环京津大型旅游景区的综合开发。2011年7月,重庆旅游投资集团与巫山县签订江东旅游新城的开发协议,前者将投资42亿元,打造一座3.5平方公里的旅游新城。2013年4月,由重庆旅游投资集团投资的重庆乐和乐都主题公园开园。该项目占地5000亩,投资30亿元,它的建成开园结束了重庆没有特大型主题公园的历史。

5.1.5 私募和信托将成为重要的投资力量

由于旅游行业未来发展前景可观,近年来,越来越多的旅游项目获得私募基金和信托基金的青睐。7天、如家、汉庭三大经济型酒店都是在私募股权企业的支持下在美国上市的。随着经济型酒店的日趋饱和,私募股权企业开始在高端旅游市场寻找更多机会。如凯雷集团2007年在杭州投资新世纪酒店集团,2012年购入文华大酒店控股公司的部分权益;软银赛富合伙企业2007年购买深圳维也纳酒店集团的部分权益;普凯投资基金2008年投资山东酒店和餐厅运营商蓝海集团。2013年5月,上海复星国际和AXA私募股权组成的财团向地中海俱乐部发出全盘收购要约,并于7月中旬被法国金融市场管理局批准。除了酒店之外,私募基金对其他旅游企业的投资活动也逐渐增加。如idg资本投资桐乡乌镇旅游;中比基金投资江苏天目湖;中科招商参与广东中旅增资扩股;君联资本投资凤凰旅游;泰山创投投资伍佰旅行网;汉能资本介入太美旅行与携程战略重组;瀚亚资本携手美国德丰杰基金投资"四季度假网"。

中国旅游市场发展潜力巨大,信托基金也踊跃加入。2012年9月,规模达上百亿的中诚腾龙旅游文化产业投资基金宣告成立。这是迄今国内规模最大的旅游文化产业投资基金,未来5年可形成千亿的投资规模。该基金将专注于旅游文化领域,拟投资于具有最优质山、海、雪景观资源的度假酒店、主题文化公园、商业配套等项目,目前已在全国8个城市储备了10个投资项目。不少房地产信托也把目光瞄向了旅游文化地产,对接商旅房地产项目的信托产品频频面世。旅游文化地产项目虽然回报周期长,相应的风险也较大,但在商品住宅房地产受到严格控制的情况下,是信托公司参与地产项目的一个出口。2012年10月,保利携手信保基金投资55亿元进军成都旅游地产业。

随着资本市场的规范化,以私募基金为代表的多元化机构投资者将在中国旅游投资市场中发挥越来越重要的作用。

5.2 推进我国旅游投资发展的政策建议

5.2.1 目前我国旅游投资存在的问题

改革开放以来,作为外商投资的重点行业之一,中国旅游业无论是在综合接待能力还是创汇水平上都获得了极大的提高,取得了较大的经济效益和社会效益。但在快速发展的过程中,旅游投资也出现了许多问题,对我国旅游业的可持续发展构成了威胁。这些问题主要表现在以下几方面:

(1)投融资能力不强,渠道单一

主要表现在过分依靠信贷资金市场,而对日益发达的资本市场重视不够。我国旅游业在较长的时期内,主要依靠财政性资金;在社会资金方面,较多地依靠信贷资金市场,而较少利用资本市场。并且我国尚未建立旅游专业投融资的机构,在利用政府间和国际金融机构的资金、援助方面基本处于空白。而世界上著名旅游度假区的开发,如巴厘岛等都利用了世界金融机构和国家间贷款。

随着旅游项目大型化和区域化，旅游业的单体投资规模相应增大，单一的投资商往往难以完成一个大型项目的投资活动。

（2）投资结构不匹配问题日益突出

地方对旅游投资普遍存在急功近利的思想，旅游投资速度超前，投资项目高端化、大型化的趋势越来越明显。而适合国民大众和普通旅游者消费需求的，如经济型和廉价的旅游住宿、旅游景区、旅游交通、大众娱乐、连锁餐饮却长期得不到有效的投资。以高尔夫、高星级酒店、高档旅游综合体等"三高"为代表的大型旅游项目投资在推动旅游经济快速增长的同时，投资结构不匹配问题日益突出：一是旅游接待体系高、中、低搭配的金字塔型常态结构建立不起来。比如五星级酒店建设与中低端酒店建设在很多地方都是不匹配的；大型景区与小、微型景点建设也存在这个问题。二是旅游产业要素的完善程度不相适应，比如与景区、酒店、游艇等硬件建设相比，与之相配套的公共服务体系、品质保障体系明显滞后。三是投资和旅游市场基本面不匹配，以住宿和餐饮为代表的旅游投资增速高于旅游市场增速的一倍以上。

（3）重短期经济效益，轻资源的深层次开发

旅游资源开发利用程度低，景区景点开发单位规模小。特别是民营企业进入旅游业的投资通常数额不大，规模较小。一般都投资单个独立景点，很少进行旅游区成片开发。许多景点景区开发内容单调，观赏性多，参与性小，盲目跟风多，创新创意少。特别是那些对旅游业发展影响大、投资较多、短期内很难见效的项目，几乎无人问津，影响了旅游业的发展后劲。

（4）重经济效益，轻社会效益、环境效益

企业以追求利润最大化为目的。由于旅游资源的外在性特点，作为我国旅游业投资主体的企业、外资以及个人在进行投资时，往往只考虑经济效益，而忽视了社会效益、生态效益，导致自然生态和社会环境的破坏。旅游宾馆、饭店、旅行社、交通部门都无偿使用旅游资源，不关心旅游资源的建设、开发和保护，从而出现不合理的利益分配格局。

（5）重眼前利益，轻人才储备

旅游投资不仅需要有胆有识的企业家，同时还需要既熟悉旅游经济规律又具备投资专业知识和实践经验的人才。但很多投资者，只顾眼前利益，从根本上认为旅游行业门槛低，忽视旅游投资人才的培养和储备。这会严重影响项目的开发水平以及未来的发展能力。

5.2.2 推进我国旅游投资发展的政策建议

（1）优化投资结构

目前我国景点景区旅游资源开发的内容单调、雷同，有些设备不配套，不能满足游客吃、住、行、游、购、娱的全面需要。应针对目前我国旅游业投资结构中的薄弱环节，改善"六大要素"的配置状况，加大旅游商品的开发力度，提高旅游文化方面的资金投入。

各级政府应加大财政投入，不断完善旅游基础设施建设。目前我国基础设施滞后，成为制约旅游业进一步发展的瓶颈。虽然从2000年开始，国家就将旅游基础设施建设纳入国债投资计划，但国债旅游基础设施投资项目普遍偏小，很难推动大规模的大众旅游的发展。政府应鼓励并引导各种资本参与旅游基础设施建设，拓展融资渠道，吸引投资者参与基础设施建设，进一步促进我国旅游业的健康、快速发展。

（2）改善投资环境

旅游投资是促进旅游经济增长的主要因素，其回报率和效率在很大程度上取决于招商引资的环境，特别是软环境。目前我国的旅游投资环境还不够成熟，投资者的利益有时得不到充分保障。因此，政府要完善相关的政策和法律法规，改革旅游市场的运行机制和管理机制，保障旅游投资企业应有的权益。

我国地域广阔，不同区域旅游投资所处的阶段也不同，存在着很大的差异。比如东部沿海发达地区已经进入了充分竞争的阶段，主题类和度假类旅游发展竞争激烈；而西北区域仍处在不充分竞争阶段，占有原始旅游资源的投资机会仍然非常多。因此，政府出台政策时应注意区域差别，在西北部应加强基础设施建设和生态环境建设，改善投资硬环境；在东部地区应加强媒体宣传，解决好产权保护、税费水平等问题，营造良好的投资软环境。

（3）拓宽融资渠道

近年来，虽然民营资本、风险资金和私募基金大量试水旅游业，为旅游业的发展做出了很大贡献，但目前我国企业进行旅游投资的资金来源仍主要依靠银行信贷，企业资本市场直接融资渠道仍不够通畅，资本化运作水平较低。旅游企业可通过合资、合作、联合、兼并等方式，组建跨区域、行业的旅游企业集团和经营合作网络，扩大旅游上市公司规模，促动产业结构升级。符合条件的旅游企业要争取进入资本市场，以发行股票、债券等融资方式吸纳社会资金，组建大型旅游集团，实现迅速扩张。同时，通过出让经营权、景区特许经营权、转让股份、合资合作、租赁等方式融资,打破地区、部门和所有制的束缚,促进旅游上市公司的区域均衡发展。

(4) 提高旅游投资质量和效益,实现内涵式增长

目前我国旅游业正处于由粗放型向集约型、由数量扩张向质量提升发展的关键时期。我国旅游业的投资效率不容乐观,尤其是旅游饭店,规模过大,如2009年我国旅游饭店是亏损的,2010年扭亏为盈,营业利润率为1.51%,但除了五星级饭店和未评级饭店外,其他饭店的营业利润率还是负值。因此,在继续扩大旅游投资规模的同时,要更加注重旅游发展质量和效益,注重旅游资源的综合利用、旅游市场的综合开发和旅游目的地综合建设,提高综合效益,实现内涵式增长。

在投资旅游项目时,要对其进行可行性评估,主要包括两方面:一是综合条件的评估,包括区位、市场半径、市场区位、周边项目竞争性的评估等;二是适宜性的评估,包括旅游项目的适宜程度、娱乐类项目的环境适宜性、休闲类项目的环境适宜性评估等。在旅游项目的运营管理中,要注重运用现代科技特别是信息技术,提升旅游业现代化水平。要注重提高游客满意度,创新服务方式,形成促进旅游服务质量持续提升和旅游市场规范有序的长效机制。另外,在开发旅游资源时,还要注重资源环境保护,开发与保护并重,推进旅游节能减排,倡导绿色消费,实现内涵式增长。

(5) 加强分类指导,推进区域旅游均衡发展

非均衡发展是我国区域旅游的长期特征,旅游发展绩效东部地区高于中西部地区,旅游发展速度西部地区高于东部地区。旅游发展的不均衡在很大程度上制约着国家旅游业整体质量的提升。应根据区域发展布局,加强对各地区旅游投资的分类指导,避免盲目性投资和重复性投资。对于东部地区,应在稳固经济效益的同时,加大自驾车营地、旅游标识、解说系统、旅游厕所等散客服务能力的建设,放大旅游的综合功能。对于中部地区,应以高速交通体系改善为契机,鼓励和引导大型企业和集团的旅游投资向中部地区转移,解决因建设资金缺乏导致的旅游基础设施建设滞后的问题,加大企业市场主体培育力度和提高非商业供给水平。对于西部地区,应依托国家战略,加大对西部地区旅游市场开发、旅游景区评定等方面的投资和支持,重视西部地区旅游特色品牌建设。

参考文献：

[1] 国家旅游局规划财务司．中国旅游投资报告2005［M］．北京：中国旅游出版社，2005．

[2] 国家旅游局规划财务司．中国旅游投资报告2006［M］．北京：中国旅游出版社，2006．

[3] 国家旅游局规划财务司．中国旅游投资报告2007［M］．北京：中国旅游出版社，2007．

[4] 国家旅游局规划财务司．中国旅游投资报告2012［Z］．北京：中国旅游出版社，2012．

[5] 中华人民共和国国家旅游局．中国旅游财务信息年鉴2012［M］．北京：中国旅游出版社，2012．

[6] 中华人民共和国国家旅游局．中国旅游统计年鉴［M］．北京：中国旅游出版社，1991—2012．

[7] 中华人民共和国国家旅游局．中国旅游统计年鉴（副本）［M］．北京：中国旅游出版社，1991—2012．

[8] 邵琪伟．国家旅游局局长邵琪伟在2013年全国旅游工作会议上的讲话［OL］．http：//www．xian－tourism．com/article/？type＝detail&id＝22466，2013．

[9] 牛亚菲．旅游投资演化趋势与项目前景评估［OL］．http：//travel．ifeng．com/news/special/davost/detail＿2011＿06/11/6952622＿0．shtml，2011．

[10] 中华人民共和国国家统计局．中国统计年鉴2012［M］．北京：中国统计出版社，2012．

第二编
中国旅游发展论坛专文

当前和今后一个时期的宏观经济走势

国家发展和改革委员会学术委员会秘书长　张燕生

尊敬的杜局长、尊敬的各位来宾，大家早上好：
在此我主要把当前的经济形势给大家介绍一下。

一、更加动荡的国际环境

第一，在IMF最新公布的经济预测报告中，将2012年全球经济增长率调低至3.3%，2013年预期3.1%，是2009年以来最低增速。

第二，目前国际各机构最新公布的全球、欧美等先行指标PMI（采购经理指数）大多在50%以下，这说明全球及主要国家经济尚处于收缩状况。主要国家和地区经济先行指标多数是2009年6月以来最低的。但2013年上半年，欧洲经济明显趋稳，美国、日本经济增长势头不错。金砖国家和新兴经济体的经济增长明显减速。

第三，当前美、日、欧的整体经济都不差钱，但问题是钱就是进入不了各自的实体经济部门。如美国大公司目前整体上已经渡过危机难关，手中持有的现金额已显著超过危机前的2007年，但这些大企业就是不愿扩大投资和扩张。这主要反映大企业对欧美及全球经济的未来前景预期依然不乐观。

第四，美、日、欧的政府财政（和银行）都缺钱，财政危机、财政悬崖、财政紧缩，直接制约了它们重振经济的调控能力。

第五，大家都不想浪费这场危机，都希望通过这场危机推动本国中长期的结构调整。如美国要重振高端制造业,欧洲要深化财政和货币一体化,日本要搞第二次明治维新,金砖国家也在推动结构调整。

2007年以来危机已过5年了,美、日、欧经济仍深陷"缺需求、缺信心、缺办法"的泥潭中挣扎。它们的短期经济复苏主要靠量化宽松和扩大出口,由此必然拖累中国经济的增长与发展。而长期结构调整将是一场世界竞赛,如果不能有效利用这场危机加快加大调整,就势必在新一轮竞赛中被淘汰出局。

二、更加复杂的中国经济

(一)对我国宏观经济的几点看法

第一,我国GDP的潜在增长水平将下调已经成为普遍共识。下调后的可持续增长水平估计在7%至8%之间。如果2012—2013年我国经济增长率能够保持在7.5%左右,就是一个正常的经济增长率。

第二,在全球经济和外贸减速、我国经济和引资减速的综合作用下,2012年我国外贸增长减速将成为定局,预期增速将从过去的20%以上下降到个位数。对此,外贸拉动经济增长的引擎作用下降的宏观影响引人关注。虽然从外贸增加值对经济增长实际贡献的角度看,我国"大进大出"的外贸模式会高估外贸和外部冲击对我国经济增长的影响。

第三,东部地区经济增长减速已基本成为定局。即使各地采取更激进的招商引资策略,启动更大规模的投资项目,更努力地追求GDP优先目标,也只会延缓减速进程,同时会更趋近于增长极限。

第四,我国重化行业、建筑和房地产行业以及与之相关的装备制造业也将进入一个长期调整时期。在美国金融和房地产泡沫与中国高增长时期叠加所形成的巨大产能,将进入一个需要脱胎换骨转型的痛苦期。

第五,我国已经进入要素价格全面上涨的时期。其中既包括劳动力、土地、能源资源成本持续上升,又包括人民币汇率、利率和消费者价格指数,还包括社会福利、社会保障和环境成本。这些成本上升主要是刚性的、长期持续的、结构性因素驱动的,并给供给端转型和升级带来巨大压力和严峻挑战。

(二)几点困惑

2012年对中国来说是关键的一年,经济形势表明,中国的模式需要脱胎换骨的转型。在经济增长减速的形势下,我感到几点困惑。

1. "破八"悖论——"就业之谜"

2012 年 GDP 减速而就业形势尚好，有两组数据对比：

一是 2006 至 2010 年，GDP 年均增速 11.2%，而城镇年均新增就业为 1140 万人，年均新增就业比 2001 至 2005 年多增加 210 万人，但却低于 2012 年。2012 年 GDP 增速 7.7%，城镇新增就业 1266 万人，超过 2006 至 2010 年均新增就业水平。仅仅用就业是滞后变量的说法，难以解释 2012 年就业弹性变化。

二是 2012 年前八个月，浙江省城镇失业率 3.12%，是 14 年以来最低的。一方面，浙江省民营企业转型升级举步维艰，另一方面，就业形势依然很好。这在一定程度上反映了浙江省服务业就业增加所带来的结构性变化。

2. "破八"悖论——"收入之谜"

2012 年 GDP 减速而民生却有更好的保障和改善。

我国 2000 至 2011 年 GDP 年均增速 10.7%，人均 GDP 年均增长 9.4%，城市人均实际收入年均增长 8.6%，农村人均实际收入年均增长 7%。然而，2012 年 GDP 平均增速 7.7%，城镇人均实际收入增速 9.6%，农村人均实际收入增速 10.7%。2013 年上半年，城镇居民收入和农村居民收入的倍数比是 2.83，比 2009 年 3.33 倍、2010 年 3.23 倍有所缩小。2013 年上半年，城镇居民人均可支配收入实际增长 6.5%，农村居民人均现金收入实际增长 9.2%，城乡人均实际收入的增速超过 GDP 的增速，而且农业人均实际收入增速高于城镇，这用收入变量是滞后变量也是难以解释的。

人均收入增速加快，既缩小收入差距，又要求持续提高劳动生产率。如增加教育和培训、重视研发创新、加快"走出去"。

从以上数据我们可以看出，2012 年的经济增长可作如下总结：总量减速，结构优化，就业增加，民生改善，城乡和区域发展差距缩小。

3. "破八"悖论——"转型之谜"

2012 年是非常复杂的一年，也是转型的一年。2012 年，从实体经济的角度看，转型面临很多挑战。

我国大企业效益好，但缺少转型压力和动力。2012 年内地入围世界 500 强企业数量为 70 家，首次超过日本，成为第二大来源地。但入围的企业主要集中在金属产品、公用设施、采矿与原油生产、工程与建筑、商业储蓄银行等领域，基本上都属于传统产业。中国进入 500 强企业和美国进入 500 强企业的本质区别是：美国进入 500 强企业都是正在步入知识经济时代的大企业，都是创新驱动的大企业，而我们进入 500 强的大企业主要是传统行业，主要是靠规模、靠要素投入增长支撑的大企业。对于中国的大企业，如何从工业经济时代过渡到知识经济时代，如何从要素投入支撑的增长转变为要素生产力增长支撑的增长，这是需要面对的脱胎换骨转型的问题。

中小企业普遍需要面对"缺订单、缺工人、缺技术"的转型之痛。解决"缺订单"问题，需要创造条件帮助企业开发新产品、开辟新市场、建立新渠道、完善售后服务等。解决"缺工人"问题，需加强培训和教育，提高劳保条件和标准。解决"缺技术"问题，需要重视产学研，大中小（企业）、国内外、军与民合作研发，保护知识产权，完善技术公共服务体系等。当前的问题是，对于小企业面对"转型之痛"缺少系统的配套支持性措施。

三、我国经济转型的前景和机遇

（一）加快完善社会主义市场经济体制和加快转变经济发展方式

十八大提出，2020 年要实现 GDP 和城乡人均收入翻番。要实现双翻番的发展目标，需要以科学发展为主题，推动包容性发展、平衡性发展、可持续发展。十八大还提出：加快完善社会主义市场经济体制和加快转变经济发展方式，把推动发展的立足点转向提高质量和效益上来。其中提了五个方面：

一是全面深化经济体制改革。处理好政府与市场的关系。推动国有经济更多转向关系国家安全和国民经济命脉的重要行业和关键领域。提倡机会公平，健全现代市场体系，加快改革步伐。二要实施创新驱动战略。三要推进经济结构战略性调整。牢牢把握扩大内需的战略支点，牢牢把握发展实体经济的基础，继续实施区域发展总体战略，有序推进农业转移人口市民化。四要推动城乡发展一体化。以工促农、以城带乡、工农互惠、城乡一体。五是全面提高开放型经济水平。

（二）以 2012 年为起点，推进城镇化发展和消费升级

东部加快形成三大世界级城市群，培育中等收入人群，发展现代服务业。以上海为龙头的长三角地区城市群，以广深港为中心的大珠三角地区城市群，以京津冀、辽东半岛、山东半岛为中心的环渤海城市群，正形成新需求结构。

推进 1.71 亿农民工市民化，如每年增加 1500 万农民工转为市民，不仅带来城市化的带动作用，而且带来 3.5 倍的消费倍数增长。创造新就业机会，发

展小企业和服务业。提供基本住房、养老、教育、医疗保障。加强农民工的技术培训和职业教育。

发展研发外包和服务外包,把每年700万大学生毕业纳入国际研发分工体系,转化为研发工程师和服务专才。加快"走出去",在美日欧创立研发、设计、信息、人才中心。

(三)以2012年为起点,重视实业,促进产业转型

全球研发和创新活动主要分布在美日欧大三角区域。如何在研发设计、信息资讯、服务专才等劣势环节形成竞争优势,是我国需要破解的一个大问题。

中国有三个创新层次,即宏观层面的重大技术创新体系,如"两弹一星";大企业层面的重点技术创新体系,如大飞机、高铁技术创新体系;小企业层面技术创新体系。在这个层面,最重要的是小企业技术创新环境的不断完善,尤其要建立技术创新方面"最后一公里"的公益性、非营利性技术服务体系。

目前企业技术创新瓶颈主要表现在三个方面:一是企业技术创新能力很弱;二是创新环境对企业创新活动的支撑作用很弱;三是引资的直接技术外溢效果很弱。要解决这三大瓶颈,应采取大幅减税的政策,让企业能够轻装上阵促转型;减少政府过度管制或干预,让市场竞争压力迫使企业加快转型;鼓励研发和技术创新,加强产学研合作,大中小企业合作、军民合作、国内外合作,提高研发创新的投入和产出效率;提升人力资本,重视教育和培训,为培育和提升国际合作与竞争新优势打好基础。

(四)以2012年为起点,加快推进"走出去"战略的实施

2001年,中国在"十五"规划中首次提出了"走出去"战略,2011年,"十二五"规划提出要加快实施"走出去"战略。中国对外开放已经进入到出口和进口并重、"引进来"和"走出去"并重的新阶段。

"十五"到"十二五",我国企业对外投资的政策导向是:"十五"鼓励发展境外加工贸易和合作开发国内短缺资源;"十一五"促进原产地多元化和参与境外基础设施建设;"十二五"鼓励创建国际化营销网络、品牌,重视当地民生和履行社会责任。

旅游行业投融资与并购案例

汉能投资集团董事长　陈宏

今天我将主要跟大家分享一下投资界特别是风险投资和私募股权投资界对整个旅游产业的一些看法，并讲述一两个案例。

固定资产投资、进出口和消费是中国GDP的三驾马车。当GDP增长从以进出口和投资为重点转向以消费为重点时，旅游行业就成为最大的消费点。美国很多民众，虽然收入不高，但经常刷信用卡借钱去旅游，这说明旅游是一个硬需求。如何在旅游行业中把握机会，是风险投资和私募股权界应该关注的一个问题。风险投资和私募股权界主要关注的是轻资产行业，50%以上的基金投入了互联网行业。很多大企业，如腾讯、阿里巴巴、百度的初始投资很少，但在很短的时间发展成上百亿美金市值的公司，说明资本市场中风险投资和私募股权对行业的发展和促进起到了至关重要的作用。

风险投资和私募股权基金在旅游相关行业中，也起到了一些作用。如携程、7天、如家等。基金对旅游行业越来越关注，将有越来越多的投资机会等待我们去共同开发。

一、汉能简介

自2003年进入中国以来，汉能投资集团已迅速发展成为中国最具影响力的跨境投行和基金管理公司之一。汉能投资集团主要有两个部门：投资银行部和投资基金部。

投资银行部提供的服务有：提供私募融资、兼并收购、公司理财等服务；为中国及美国客户提供本土及跨境金融服务。汉能美国公司为美国金融业监管局（FINRA）注册的经纪人/交易商。汉能团队目前的交易总金额超百亿美元；资深投资银行顾问曾参与进行的并购业务，总价值超 200 亿美元。

汉能的投资基金是中国地区具有影响力的私募股权基金之一，聚焦于中国市场具有较高成长潜力的公司。汉能美元基金的首次投资以 93 倍的回报成功退出。汉能坚持价值投资，帮助企业进行后续的融资、并购，努力打造伟大的企业，通过股权+债权的控股式投资方式，以极低成本的控股投资实现高额增值。

二、旅游业市场整体进入新阶段

旅游市场的增长非常吸引人，2010 年和 2011 年行业增长率分别达到 22%和 43%。从入境游、出境游、国内游这三块来看，入境游在改革开放后发展比较迅速，目前趋于平稳，而出境游较整个旅游行业发展更快，同时国内游发展的市场空间十分大。很多 VC、PE 也十分关注这一点。当人均 GDP 增长到一定程度后，多余的钱就会用在购买提高生活品质的服务方面，而度假旅游正是提高生活品质的一个重要组成部分。

当前深度游、高端游越来越多。深度旅游虽然价格较贵，但是能够提供其他旅游中所不能体会的旅游经历和见闻。由于提供了附加价值，价格就相对不会敏感，受到高端人群的欢迎。中国目前也有这种发展趋势，例如各种度假村的产生、北京大宅门酒店等。单以酒店来竞争，利润率还是比较低的。要增加有创意的附加值和高端服务，这些创意性的附加值投资相对投资五星级酒店收益更高。在休假时间上，人们希望错峰出行，自由选择休假时间，这样可以减少拥挤，景区服务也能得到充分利用。

三、与新需求相匹配的国内景区及度假地建设如火如荼，各类资本积极投身其中

与新需求相匹配的国内景区及度假地建设，发展非常快。很多景区都在进行一些大型旅游设施的建设，还有很多资金投向了旅游地产开发。万达联合泛

海集团、一方集团、亿利资源、联想控股、用友集团投资 200 亿于长白山国际度假区，一期已开业。万达集团计划在北京通州兴建文化旅游城，计划投资 200 亿，2016 年开业。恒大、新华联、佳兆业、碧桂园、龙湖地产、万科、中弘地产、中信地产等房地产开发企业也不断加速抢滩旅游地产。

资金包括基金是跟着机会走的。如果大额资金流向一个行业，说明这个行业的机会在产生。当然也会产生一些挑战，比如投资失败、资金回报率较低。旅游地产开发的热潮说明中国的需求已经产生。

基金方面，2011—2012 年，VC/PE 披露的对传统旅游行业（在线旅游除外）的投资共 28 起。其中 16 起投向酒店行业，包括凯雷投资桔子酒店，富达君联投资布丁经济酒店等；8 起投向景区和度假村，包括 IDG 投资古北水镇，弘毅投资海昌中国等。2011—2012 年 VC/PE 对旅游行业（线上除外）的投资情况见下图：

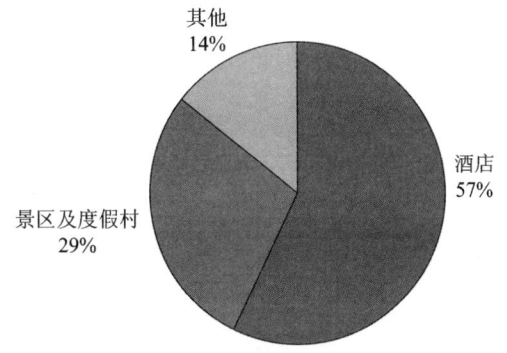

四、资本布局海外，分享出境游增长的尝试：复兴投资 Club Med

随着出境游市场的快速增长，很多企业开始布局海外，投资海外高端旅游度假公司，吸引中国游客，并将国外公司品牌带入中国市场，利用国外的品牌和技术与中国市场相结合。这种做法投资成本小，有利于以后对国外企业的控股，如复星集团投资 Club Med。

（一）复星集团基本情况

复星集团创建于 1992 年，目前已形成保险、产业运营、投资、资产管理四大核心业务模块。复星坚持扎根中国，投资于中国成长根本动力，同时亦紧抓全球经济转型契机，探索实践"中国动力嫁接全球资源"的独特投资模式，

2011 财年总收入 568.16 亿元人民币，2007 年复星在香港联交所主板上市，目前市值 279.98 亿港币（SEHK 2012.11.28）。

（二）Club Med 公司基本情况

全球最大的休闲度假村集团之一，成立于 1950 年，总部位于法国巴黎，1966 年在法国巴黎上市，目前市值 3.81 亿欧元（ENXTPA：2012.11.28）。在全球 40 个国家拥有 76 个度假村、6664 名全职员工、1200 万客户，2011 财年总收入 14.09 亿欧元。创造了"一价全包"的休闲度假理念，80 年代达到事业巅峰，之后由于在竞争中失去中低端市场份额，2003 年起重新定位于服务全球高档人群。

（三）收购流程

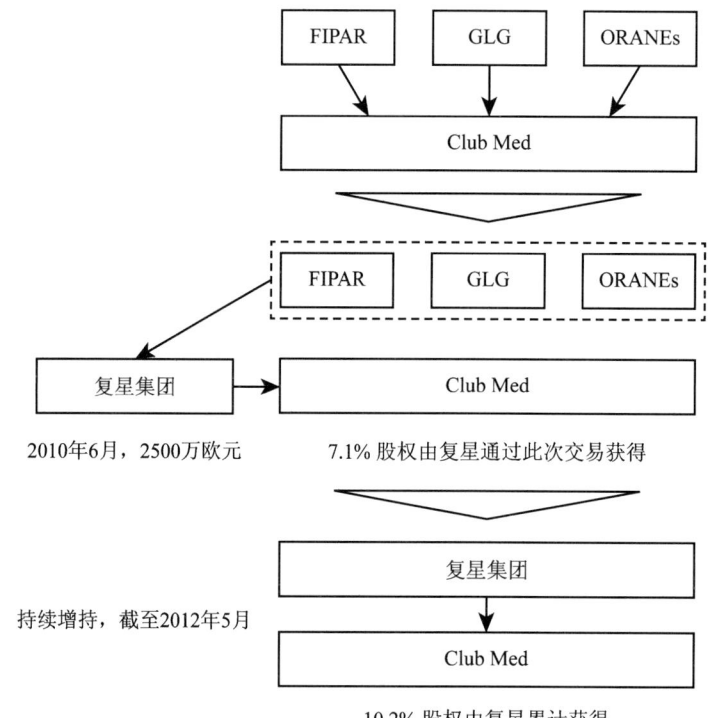

（四）动机

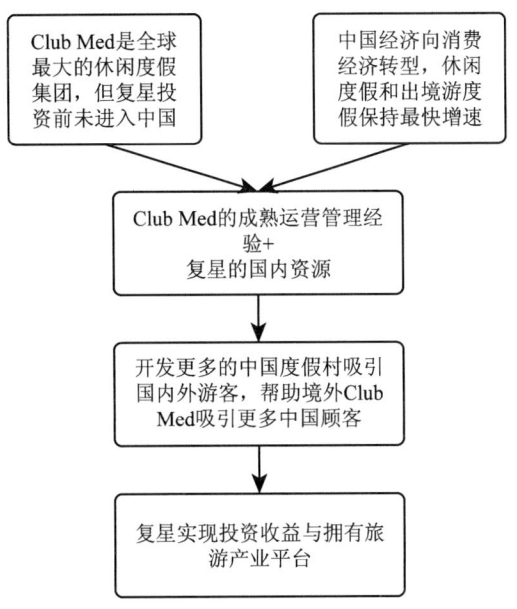

（五）成果

第一个在华度假村开业，并计划到 2015 年中国区度假村总数将达到 5 家，未来中国将成为继法国之后 Club Med 的第二大市场，还是全球第二大市场。中国区业务提升到战略高度，脱离亚太区，成为独立的战略总部，业务量同比提升 56%。2011 年，Club Med 中国区的收入比上年同期增长了 40%，全球营收增长 6.25%，剔除非经常性事项后的全球净利润增长 312.5%。

五、线上旅游方兴未艾，是资本投资另一热点

风险投资一般不倾向于投资固定资产，而是更喜欢投资轻资产。如风险投资一般不会去建造酒店，但会参与酒店管理公司的投资。另外，风险投资对互联网企业比较感兴趣。中国在线旅游虽然目前总量不大，但保持快速增长，年增长一直在 30% 以上，如下图所示。新生代的旅游消费者生活方式已经和互联网、移动互联网紧密结合，需要更多的分享、互动的过程。在完全市场环境中成长起来的中国在线旅游企业，在创新商业模式、提升服务品质、结合线下重构产业链方面被寄予厚望。

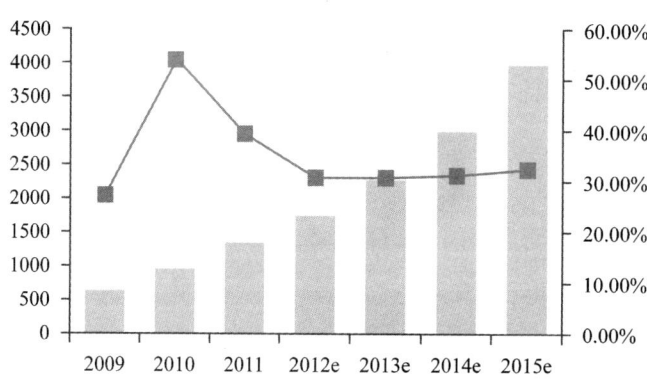

风险投资更倾向于对融合了互联网、电商新技术的企业进行投资。线上和线下业务相结合的公司,更容易吸引投资。同时,战略资本也热情高涨,2011年6月百度3.06亿美元战略投资去哪儿网。2011—2012年披露的VC/PE在线旅游投资案例如下表所示:

公司	投资人	时间
途牛	红杉,DCM,高原	2011.04
逸行旅游网	丸红	2011.04
途客圈	创新工场	2011.04
环球旅讯	龙象资本	2011.06
真旅网	凯旋创投	2011.08
乐游际360	久奕投资	2011.09
驴妈妈	江南资本,红杉	2011.09
新华旅行网	麦顿	2011.09
旅人网	腾讯	2011.10
今夜酒店特价	N/A	2011.10
悠哉旅游网	今日资本	2011.11
天旅网	N/A	2011.12
蓝橙	华策影视	2011.12
途家网	光速创投,鼎晖创投	2012.05
游景网	晟华创投	2012.06
冰点	蓝驰创投	2012.09
蚂蜂窝	今日资本	2012.09

六、在线旅游重构线下产业链被寄予厚望：携程收购永安的尝试

先商后电还是先电后商？我们认为，二者谁也不能取代谁，是个双向结合的过程。越来越多的线下企业走向线上，但线上的公司有时也需要走向线下，如携程就收购永安，以提升自己的市场地位。

（一）携程旅行网基本情况

携程旅行网创建于 1999 年，总部位于上海，为中国领先的综合性旅行服务公司。员工总数 16000 余人，在包括香港在内的 16 个城市设有分支机构，2003 年在美国纳斯达克上市，目前市值 27 亿美元（NASDAQGS：11/28/12.）。2011 财年营业收入 35 亿人民币。

（二）永安旅游基本情况

香港最大的旅行社之一，成立于 1964 年，在全港拥有 17 家分社，并在澳门和英国设立分支机构，1997 年在香港联交所上市（SEHK：1189），2010 年旅游业务被携程收购后专营酒店业务。每年服务超过 40 万旅客，每年新开发超过 2000 个旅游产品，覆盖全球 50 个国家 400 多个目的地。公司业务包括酒店、机票预订以及各种高品质旅行产品，拥有深厚的线下旅游资源和运营经验。

（三）交易流程

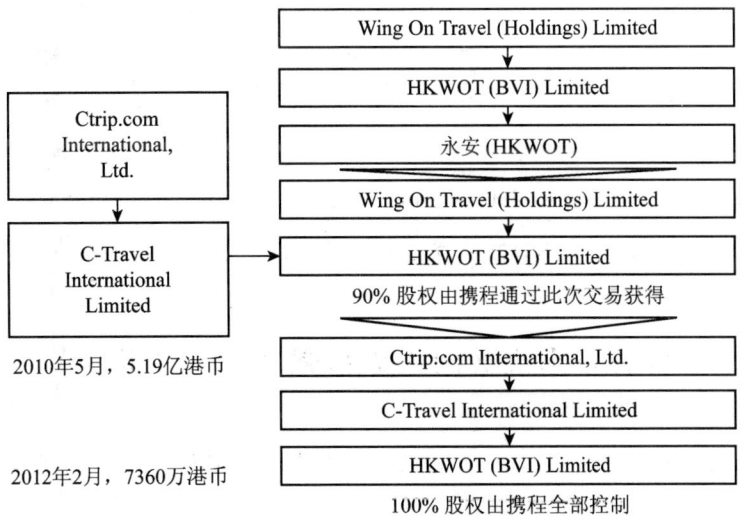

（四）动机

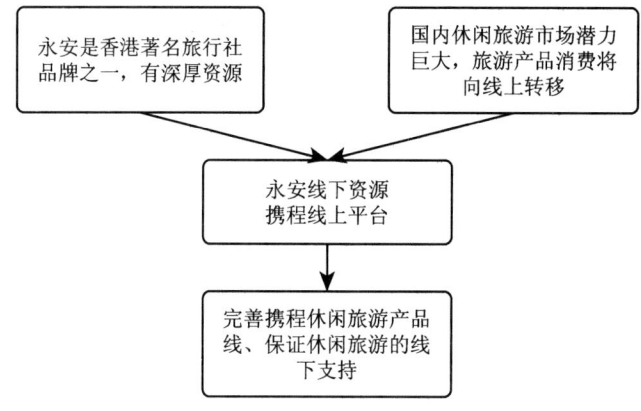

（五）成果

扩充了携程旅游产品线，加强了区域覆盖。完成收购后2010年三季度，携程度假旅游营收达到1.4亿人民币，同比增长161%，环比增长110%，为携程增长最快的一块业务。

（六）小结

携程就打通线下资源、服务落地做了诸多收购与尝试（见下图），成功整合了高科技产业与传统旅行业，向超过6000万会员提供包括酒店预订、机票预订、旅游度假、商旅管理、美食订餐及旅游资讯在内的全方位旅行服务，但重构中国旅游产业链之路依然任重道远，也非携程一家可以独自担当。

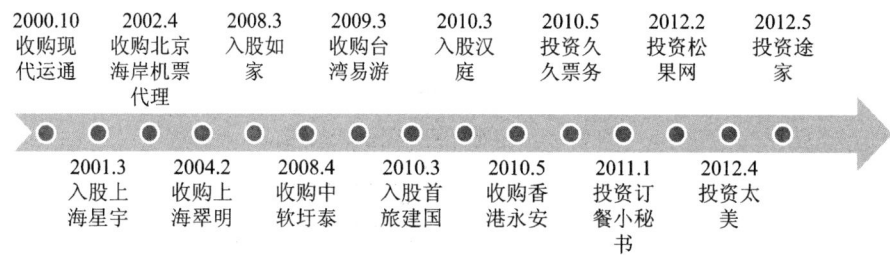

七、中国旅游资本大戏的未来最强音：行业并购

中国旅游业将在不久的将来迎来属于自己的"并购时代"。主要有以下三个原因：

政策需要。《中国旅游业"十二五"发展规划纲要》提出：鼓励强强联合、跨地区兼并重组、境外并购和投资合作及上市。

巨头做大做强的需要。传统的旅游集团日趋市场化，新兴的旅游巨头亟待做大做强，运用资本的力量迅速扩张，行业快速整合成为迫切需求。

VC/PE 退出的现实选择。在 VC/PE 对旅游行业的众多投资中，能够上市的企业是少数的，在基金本身存在期限的情况下，积极推动所投企业被业内巨头并购成为最好选择。

希望投资界和旅游业界多多接触，创造共同发展的机会。

投融资战略与开元旅业的多元化成长

开元旅业集团董事长　陈妙林

尊敬的各位领导、各位同行、各位来宾：

上午好！

今天我要发言的题目是"投融资战略与开元旅业的多元化发展"。我想讲三个问题：第一个问题，中国酒店市场现状及发展趋势；第二个问题，中国酒店市场目前来说投资回报率很低，很多新投资的酒店都是亏损状态，为什么还有这么多企业来投资；第三个问题，中国酒店业发展的突破方向。

先讲第一个问题：中国酒店市场现状及发展趋势。

第一，从现状来讲，中国酒店产业严重过剩。从住宿率看，全国平均住宿率只有55%~56%，北京是70%左右，上海是67%，其他城市基本都在55%以下。与国际水平相比，我们中国内地酒店业住宿率毫无疑问是偏低的，如新加坡达到85%，中国香港达到80%以上。从平均房价看，中国五星级饭店平均房价700元/间·夜左右，四星级饭店440元/间·夜左右。

按投资回报率1/1000计价，五星级酒店每间客房造价在125万~200万元，收费标准应在1250~2000元/间·夜，上海、北京造价在220万~300万/间，收费标准应在2200~3000元/间·夜，而目前，上海、北京的五星级平均房价在1000元/间·夜与900元/间·夜左右，其他城市五星级饭店在650~800元/间·夜左右，远低于应有的标准水平，这样的回报率毫无疑问是相对比较低的。

第二，以发展趋势来看，亚太地区未来3~5年将新增14万间左右的客房量，其中中国占55%，中国未来3~5年将每年新增22500间客房，年均增长率18%左右，而其中的85%都是高端酒店。

第三，从中国几家上市酒店股份公司的业绩看，营收净利润率和资本利润率也是偏低的。从2011年的数据来看，营收净利润率上，金陵饭店比较高，是20.09%左右，锦江饭店是7.17%左右，首旅集团是4.66%，港中旅是17.93%，我们开元酒店是9.96%，按照集团来统计，开元旅业集团是13.67%。数据看似不错，但却存在问题。我们这些酒店集团有50%以上是由委托管理酒店带来的收益，委托管理酒店的资产是零资本，也就是轻资本管理。金陵饭店看起来数据很高，是因为金陵饭店完全是一个轻资产管理的酒店集团。如果剔除了委托管理酒店带来的收益，我们的资产收益率大概占4%左右，但现在银行的利息普遍是7%，所以我们的资本回报率毫无疑问是偏低的。我们酒店集团业还算是比较好的，我们中国的单体酒店呢，单体酒店业的资产回报率基本上在零左右，当然现金流还是有的。在资本利润率上，我们开元是14%，金陵饭店是8%，锦江集团是7.7%，首旅集团是9.6%，港中旅是5.7%，香格里拉是4.7%。从资本回报率来看，香格里拉最低，因为香格里拉基本没有委托管理酒店。

接下来我谈第二个问题：为什么面对如此悲惨的现状还有这么多的企业在建酒店？

中国酒店业的企业80%以上是国企，国企相对来说资本实力很强，有很多行业外的国企与政府一起筹建酒店。我们大致做过一个统计，政府这几年投资的酒店占整个酒店业投资量的20%左右，国企投资酒店业大概占60%以上。这是导致目前现状的第一个原因。

第二个原因，房地产业拉动酒店的发展，政府需要酒店提升形象，改善投资环境，带动土地附加值提升，其中以房地产带动酒店发展的大多是民营企业。

第三个原因，中国各行各业生产过剩，特别是传统工业产业严重过剩，边际收益率大幅下降，前景渺茫，从而导致转向第三产业，特别是转向资产型的酒店业。

最后一个原因，酒店作为融资平台，比较受银行欢迎，因此，尽管酒店不赚钱，但还会有很多人投资酒店业。开元早几年的整合，把四、五星级的饭店都留下来，以前的三星级饭店全部卖掉了，因为酒店的资本收益率太低，但由于前几年房地产业形势良好，因此我们依旧能卖到很高的价钱。

下面讲最后一个问题：酒店集团的发展突破在何方？

一方面酒店业产能过剩，经营难以支撑酒店本身的发展，另一方面仍然有这么多企业投资酒店，这既是坏事，也是好事。说它是坏事，是因为酒店业高投入低产出，经营困难；说它是好事，是因为酒店业进入成本很高，退出成本也很高，使投资人越来越谨慎。另外，酒店业的蓬勃发展，同时也给我们民族酒店品牌与酒店集团带来良好的发展机会。

开元今年开业18家，签约33家，这就是酒店业的蓬勃发展带给我们酒店集团的好处。但是光依靠委托管理的发展，要解决品牌的树立问题还是很难的。我们开元酒店现在开张的58家酒店中，有26家是委托管理，这26家委托管理酒店既有政府的国宾馆，也有国有企业的酒店，还有民营企业酒店，这些酒店的业主的想法、理念都不一样，跟我们开元的酒店管理理念也不尽相同，而且还有一个问题：我们的品牌还没有国际管理酒店那么强势，我们还处于发展阶段，有时候还需要迁就他们，这就会造成一个问题——标准的不统一、理念的不统一，从而造成酒店的品质品牌不统一。所以要树立强有力的品牌，还必须有自己的旗舰酒店，但建造自己的旗舰酒店，必须要有强有力的资金保证。这几年，我们开元基本上是采取两条路并进，一边自己投资兴建旗舰酒店，一边大力发展委托管理酒店，一边树品牌，一边搞发展。但是这样的发展方式，需要足够的资金保证，如何来解决呢？

我想以开元几年来实施的发展战略及其取得的成效来加以说明。

第一，我们依托"住宅房产+酒店"或"住宅房产+商业房产+酒店"这样的发展模式，来降低酒店的运营成本，树立酒店的品牌。10年来开元在浙江、上海、江苏、河南等地建造了一批五星旗舰酒店，这为我们开元近几年来树立品牌打下了基础。

第二，积极争取打通直接融资渠道，2007年吸纳战略投资人美国凯雷集团7亿多人民币投资。

第三，我们实行资产重组，整体打包到香港上市。这个工作我们从2011年开始做，但到现在还没做成。有很多人问为什么去香港上市，我们现阶段有两大产业，一个是酒店，一个是房产，若光是酒店到A股上市，酒店不缺钱，但房产缺钱，上市后融资还是有问题，所以想整体打包到香港上市，但遗憾的是因股市不佳，两次通过聆讯都没发行。到香港上市的第二个原因是香港股市比较规范，我们在香港两次聆讯通过，没有一次跑过联交所，均以书面形式完成，而大部分由中介机构去完成。此外,在香港上市还有的好处是可以以季为期增发,还可以以股权质押贷款。目前我们准备以酒店资产、酒店管理、房产三块分拆上市。

第四,我们尽力发展长期租赁业务,以减少业主对管理的干预,从而解决了与业主理念不一致带来的难题。

第五,我们在大力发展酒店委托管理业务的同时还发展酒店投资咨询业务,这样既解决了委托管理酒店的品质问题,又能够增长酒店收益。现在,我们一年能收到1200万元的咨询服务费,同时也能对委托管理酒店的品质问题进行良好的把控。

因为时间的关系,我的发言就要结束了。中国酒店业的发展之路遥远而曲折,尤其是中国民族酒店品牌的发展,可谓任重而道远。但我认为,中国经济在一定时期内还会保持中速发展,我们目前虽然困难不少,但整体前景看好!

谢谢!

旅游投融资的经典案例介绍

君联资本合伙人　刘泽辉

一、君联资本概况

君联资本是联想控股旗下独立的专业投资公司，2012年2月启用新的中文名称——君联资本；总部设在北京，并在上海、武汉设有办事处；在管美元及人民币基金总规模超过130亿元人民币；重点关注中国的创新与成长机会；为所投资企业提供积极主动的增值服务；已投资百余家企业，创造年营业收入逾600亿元人民币，就业机会近20万个；团队扎根本土、了解中国，拥有丰富的企业运作经验；立志成为最有价值、最受尊敬，并具有国际影响力的投资公司。

君联资本成功培育了20多家上市公司，另有12家并购退出。投资的企业包括卓越网、智联招聘、星期六鞋业（002291SZ）、凤凰国旅等知名企业。

二、君联资本对现代服务业的理解

（一）君联资本对现代服务业投资领域的划分

旅游作为一个大的现代服务业，里面蕴藏很多投资机会。我们去年为此成立了一个专门的投资团队，系统性地研究和发现了其中的一些投资规律和投资机会。我们对现代服务的认识有两个维度，一个是传统服务业的升级，一个是新兴服务业。前段时间我们投资了一个旅游项目，有记者问：君联资本是做现代服务业的，为什么会投资旅游这样的传统行业？我认为农家乐这样的企业属于传统服务业，但连锁酒店、OTA、旅行社线上服务等都属于现代服务业。随着经济的发展和现代 IT 管理技术经验和模式的利用，服务业也在随着我们生活水平的提升进入到了一个新的发展通道。这是现代企业发展的一个方向，投资机构也在系统性研究和考虑其中的投资取向。

现代服务业分三个维度。一是消费服务，二是生产服务，三是金融服务，我们将旅游业放在消费服务这样一个大的领域里面，见下图。

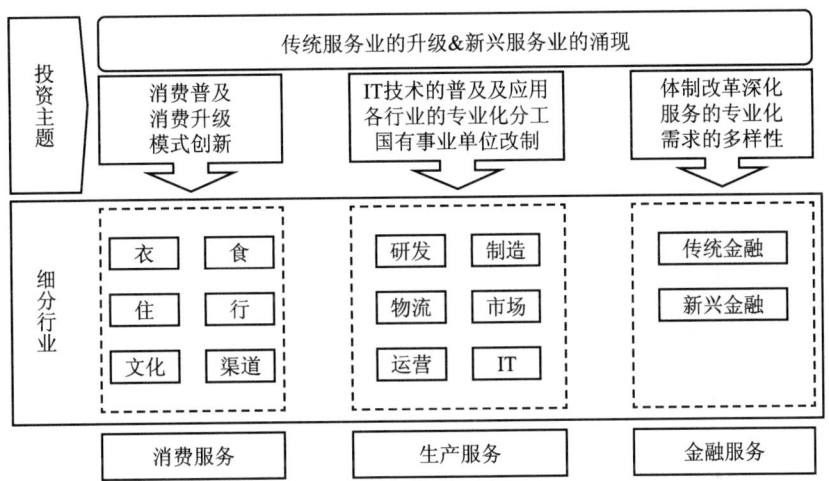

（二）现代服务行业的机遇和发展趋势

现代服务业面临周期性的历史机遇：我国正处于工业化后期向后工业化过渡的时期，根据美、日的经验，随着工业化的推进，服务业占 GDP 的比重、对 GDP 的贡献率以及拉动率稳步上升趋近工业，预计未来 5 年有望全面超越工业。

GDP 结构性的调整推动现代服务的快速发展：与国际上各收入等级国家相比，中国服务业产值占 GDP 比重与其发展水平严重"错位"，中国未来服务业的发展空间还很巨大。

现代服务业的发展趋势：从"服务经济"过渡到"现代服务经济"；服务业内部结构不断调整，现代化进程不断加快；现代服务业与制造业的不断融合，推动了制造的服务化；现代服务业目前以大城市为主要市场，二三线城市也越发成为现代服务业的重要市场；服务业的国际转移趋势越来越突出。

政策对现代服务的持续扶持：从上至下的政策和规划均将服务业作为未来经济发展和转变增长方式的重点方向。政策为现代服务的快速发展提供良好的外部环境。

三、君联资本对旅游行业的认识

(一) 世界旅游市场

世界旅游市场规模由 2000 年的 4750 亿美元增至 2011 年的 10300 亿美元，年复合增长率为 7%，预计到 2020 年将达到 1.76 万亿规模。根据联合国世界旅游组织测算，2011 年欧洲市场收入 4634 亿美元，占世界收入规模比达 45%，为最大的旅游目的地市场。历年世界旅游市场收入规模见下图：

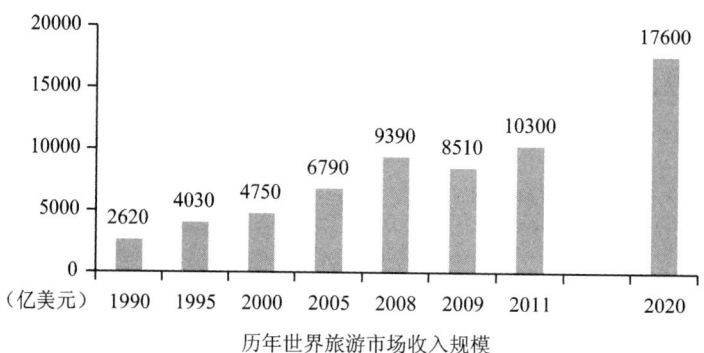

历年世界旅游市场收入规模

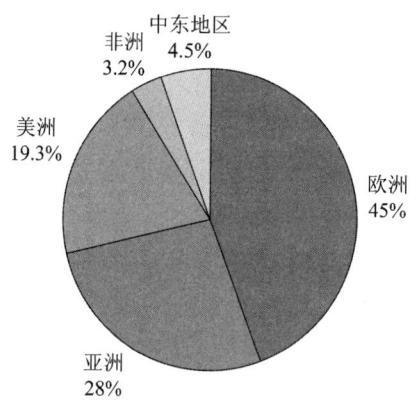

2011年世界旅游市场收入结构

(二) 中国旅游市场

改革开放以来，国内旅游行业总收入从 1978 年的 23 亿元增长到 2011 年的 1.93 万亿元，增长 839 倍。2011 年国内旅游人次达 26 亿人次。在 2000 年到

2011年间,除2003年受"非典"影响外,国内旅游总收入在近10年总体呈现稳步增长态势,年复合增长率达到了13%,预计到2015年市场规模将增至3.5万亿元。1978—2010年旅行业整体收入占GDP的比重情况如下图所示:

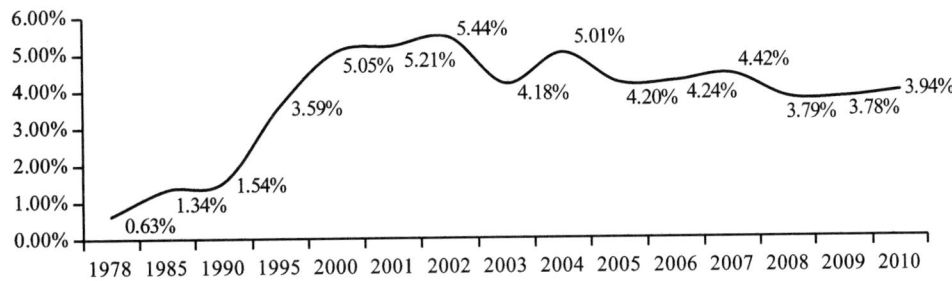

2012年前三季度我国旅游发展环境存在下行压力,但旅游经济总体保持平稳较快发展势头。国内、入境和出境三大市场的"两升一降"态势将成定局。

中国有全球最大的国内旅游市场,旅游业是国民经济战略性支柱产业。部分成熟景区游客人数开始出现天花板现象;门票、索道、酒店"老三样"的收入模式亟待改变。

近年来,无论是旅行社数量、出境人数,还是目的地国家和地区数量都有稳步的增长。中国出境游市场正面临着一个巨大的发展机会,具有广阔的发展前景。中国出境旅游市场自20世纪80年代开始,一直保持着年均20%的增长速度。今后10年内,中国出境游市场有望以年均17%的速度增长,其中休闲游会达到年均19%的增长率;到2020年中国出境游人数将接近美国水平。

		2011年		2012上半年		2012年1~9月	
国内	国内旅游人数及同比增长	23.5亿	13%	15.5亿	14%	22.5亿	13.7%
	国内旅游收入及同比增长	15096亿元	20%	1.12万亿元	18%	1.7万亿元	18.6%
出境	出境游人数及同比增长	7160万	25%	3850万	19%	6100万	18.4%
	出境游消费及同比增长	726亿美元	32%	360亿美元	28%	744亿美元	35.5%
入境	入境游人数及同比增长	13577万	2%	6600万	略降	9918万	-1.5%
	入境旅游外汇收入及同比增长	469亿美元	2%	235亿美元	2%	360亿美元	0.19%

四、君联资本在旅游行业的投资目标与方式

君联资本的投资方式有以下几种：通常作为领投，通过积极的增值服务，帮助企业做大做强；参股投资：通过投资获得10%～30%的股权和一个董事会席位；单笔投资：5000万～2亿人民币；对有潜力的项目还可进行后续追加投资。

未来有四大方向是我们投资的重点：第一，景区运营。目前很多景区还是粗放式运营，门票是主要收入，缺乏深度的开发。其实景区餐饮、娱乐方面的配套具有很好的增长空间。未来如何在门票、索道、酒店之外深度挖掘，做一些组合和转型，开发出一些新的衍生收入，是所有景点面临的共同问题。中国目前的很多景点的接待能力已经到了一个瓶颈，如何在这种局面下有所发展也是景区面临的一个问题。第二，新兴旅游服务。OTA线上旅游发展迅速，如何将线上旅游和线下旅游的优势有机结合起来，发挥各自的协同效应，而不是简单线上运营和线下运营两条线，在这个方面我们觉得也有很好的机会。第三，酒店/餐饮。餐饮和酒店是旅游重要的一个环节，传统的经济型酒店在过去的十年发展很快，中国酒店业类型分布目前成哑铃型，两头的五星级和经济型酒店较多，中间的商务型酒店或三星级酒店较少。未来中档商务型酒店和服务旅游的相关连锁餐饮也是一个比较好的投资方向。第四，综合性旅游集团。中国的旅游资源大部分还在政府或国企手中，如何更好地利用我们的资源，发挥国企的优势，迎接未来的发展机遇，这其中也蕴藏着非常好的投资机会。

五、君联资本在现代服务业的投资案例

（一）神州租车

在过去的12年中，君联资本在旅游及相关领域进行了很多投资。如神州租车，2006年投资国内最大汽车租赁公司神州租车，当时这家公司叫UAA，模仿美国的AAA集团。2007、2008年转型做汽车租赁。投资时这家公司自有2000台左右的车，不能满足市场的需求。而现在汽车的保有量超过了4万台，超过中国汽车租赁企业第二名到第十名的总和。覆盖的城市超过60个，几乎在所有的旅游和商务城市都有布点。节假日的汽车租赁、预订业务非常火爆，这个项目也让我们看到，中国的旅游市场已经到了一个临爆点。

(二) 布丁酒店

布丁酒店总部设在杭州，是在经济型、时尚型酒店领域非常领先的一家企业。目前已经运营了将近 200 家酒店，发展态势非常好。君联资本在 2009 年就参与对布丁的首轮融资。最近，我们又联合其他几家机构对布丁进行了第二轮注资。

(三) 凤凰国旅

凤凰国旅成立于 1996 年，现已发展为国内最大的民营出境游企业之一。涵盖出境游批发、商务、展览、会议、会奖、培训、修学、高端游等各项旅游业务。目前凤凰旅游在全国范围内设立了 3 家分公司及 6 个办事处，业务范围遍及欧、美、澳、非、亚太等出境目的地，累计接待出境游客近 50 万人。2012 年君联入资凤凰。

我们认真分析后认为，与国内游和入境游相比，出境游在未来的发展和增长可能会更快一点。这类企业更适合于我们这样的投资机构。我们当时研究了日本的交通公社、欧洲的托马斯·库克和途易等全球性领先公司的发展历史和态势。我们看到，这些公司经过了几十年的发展，目前都是在全球进行布局，收入将近 200 亿美元。日本的出境游发展也曾经历爆发式增长阶段，20 世纪 80 年代只有 500 万人次，现在已经超过 1500 万人次。中国的出境游发展迅猛，今年可能会达到 8000 万人次，但其中 60%~70% 还是港澳游，去欧洲、东南亚、美国等地的游客还是少数，这些地方的出境游才刚刚起步。从国际经验以及中国的市场需求来看，中国的出境游市场刚刚开始，发展空间很大。与去年相比，凤凰国旅今年收入翻了近一倍，我们预测明年还将保持高速增长。同行业也保持非常好的发展。凤凰国旅是中国出境游公司的优秀代表，也是我们在旅游业最新的一个投资对象。

君联资本相对于其他投资机构有自己独特的特点，君联资本出身于联想，当初设立时，柳总给我们定位：通过资本的输出，利用联想在过去管理和运营上的优势，为中国本土中小型企业的发展提供帮助。过去的几年，我们也把这个理念和思想贯彻到了我们的运营服务当中。目前我们的团队有 80 多人，其中有近 10 人的专业增值服务团队，包括联想自身的财务、法律、运营方面的高层管理人员，最近还引入了其他国有企业或外资企业的高层运营管理人员，充实到我们增值服务的团队中，为我们的被投企业在战略规划、运营管理、财务规范乃至于在日常运作方面提供全方位的、系统性的、多角度的服务和支持。

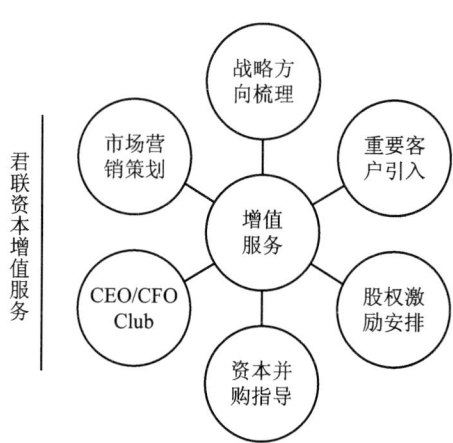

在君联投资凤凰国旅的案例中,签订入资协议后,我们并没有要求对方大干快上,而是先把战略方向进行了系统性梳理,同时还在团队建设、财务规范、业务拓展方面进行了很多支持。现在看,已经有了显著的效果。

最后,再次感谢主办方给予机会参与这个论坛,同时也非常希望未来能有机会跟在座的企业家进行合作。谢谢大家。

旅游行业投融资过程中财务关注事项

毕马威华振会计事务所合伙人 卢鹍鹏

一、会计政策及会计估计

一个企业财务报表的编制取决于它所采用的会计政策，会计政策的选择在很大程度上能反映企业的实际经营情况。特别需要指出的是，根据会计准则的要求，在某些领域可以采用不同的会计政策。会计政策选择的存在，为部分企业在会计报表的准备方面提供了一定的空间，这些政策选择将可能对企业的资产、负债、利润及财务指标的计算产生重大影响。

我们举几个例子。（1）选择以成本或公允价值核算投资性房地产。在旅游行业有一项比较重要的资产是酒店资产，在计量时是将其作为固定资产，按照购买时的历史成本计价还是将其按照一项投资性房地产采用公允价值的形式进行计价，不同的政策选择将对公司的资产收入以及净利润产生很大的影响。因为前者按历史成本计价，只需要每年计提折旧即可，而后者要考虑到每年公允价值的变动，房地产市场的兴盛就会带来房产增值的收入，使得公司的损益表比较好看。因此，两家经营情况相同的公司如果选择不同的会计政策，二者的会计报表将有很大差别。（2）选择权益法或比例合并法核算合营企业投资。对于合营企业的投资，假如双方各投入50%，是使用比例合并法还是权益合并法核算也会影响整个公司的合并总资产、合并总负债。（3）采用总额法或净额法核算政府补助。我们很多大型国有旅游集团，都会在一定程度上得到当地政府的支持。政府补助的会计处理同样也面临着不同会计核算方法,这样的选择同样会导致不同企业财务报表的总资产以及利润情况有所差异。(4)将预付工程款分类为预付款项或在建工程。

(一) 旅游行业重要的会计政策

收入确认。旅游企业中有很多集团化企业,业务发展多元化,收入也多种多样,包括酒店收入、交通收入、度假产品收入等。这些类型收入的确认都有着不同的会计准则要求。在这种情况下,如何采用正确的收入确认原则,对公司的收入及利润指标同样会产生非常大的影响。

政府补助。刚才已经提到,政府补助不光是我们这个行业一个重要的会计政策,同样还涉及会计选择问题。比如,如果一个企业建造大型酒店,获得了政府补助。对于此项政府补助,有两种会计选择,一种是抵减开发成本,另一种是单独计为一项递延收益。采用前者的企业,其报表中的资产会比采用后者的企业少。

企业合并。旅游行业的企业大都有着较多的分公司或子公司,涉及合并报表问题。合并报表处理方法的不同对企业有着较大影响,是一个比较重要的会计政策。合并报表是一个非常复杂的问题,也是监管机构关注的重点。

企业所得税。企业集团在各个地方的子公司适用的税率往往不同,另外递延所得税的确认同样也是会计领域非常专业的一个方面。

(二) 重要会计估计

会计估计就是公司选取一项会计政策之后对某些重要事项的判断,比如固定资产的折旧,折旧期限是选择10年还是20年,不同的企业可能有不同的处理方法。资产的减值,一些经济型酒店还有一些在各地新开的酒店,每个单体酒店是不是都能达到我们管理层要求的盈利指标,如果持续亏损的话,是不是发生减值情况。这些都是非常重要的会计估计。

相对会计政策而言,会计估计更容易被企业所利用,从而调节企业的财务报表。判断一家企业的会计估计是否合理,可以与同行业的指标进行比较。特别需要指出的是,会计政策和会计估计并不等同于税法的规定。我国的会计制度也有了几十年的发展历史,会计报表不仅仅是报税需要,更重要的是反映企业的财务状况。

(三) 不同准则下会计政策的选择

国际上比较流行的两个准则是美国通用会计准则和国际财务报告准则。二者正在进行协同,这是一个巨大而长期的项目。到目前为止,虽然项目已经有很大进展,但美国会计准则和国际会计准则依然有很大的差异。2006年我国财政部颁布了新的会计准则。新的会计准则和国际会计准则已经有了很大的趋同性,但在一些具体的地方,仍然有很多不一致的地方。

特别需要指出的是,香港联交所接受使用中国会计准则编制的财务报表,进行上市申报工作。

二、财务状况

流动资产。流动资产的潜在减值是特别需要关注的一个事项。尤其旅游行业,如果存在大量的集团客户,会有大量的应收账款,这时对于长账龄的应收账款应注意其是否已经产生减值的迹象;如果是,那么在会计上就需要做出正确的反映。

虽然从管理上来讲,所有的资产都应该尽最大的努力把它收回。但在会计上,出于谨慎性原则,对于账龄较长、存在减值风险较高的资产,就需要考虑坏账准备的计提。当存在大量关联方交易时,如果有资产是与关联方产生的,我们不能因为关联方的原因而影响对资产是否减值的判断。

长期资产。从企业的房屋和土地来看,要关注其产权情况。在上市或融资的过程中,如果没有取得产权证明将是非常大的障碍。另外,这些资产是否被抵押被其他公司业务占用的情况也是一个非常值得关注的问题。旅游行业有大量的酒店资产和物业资产,如果单个酒店连年亏损,盈利情况持续恶化,就需要考虑资产减值,从会计上需要采用未来现金流估计法来计算现在这个酒店的公允价值,从而判断该项资产是否面临减值的风险。

无形资产。当前,有很多网络公司投身旅游行业。这些旅游网络公司会发生大额的研发费用,这些研发费用是进行资本化还是费用化处理,这也是很重要的会计问题,因为研发费用具有初始支出数额大、潜在收益期限长的特点。

在建工程。建造酒店时很可能发生很大的利息支出,这些利息支出是否可以资本化,同样会对财务报表产生很大的影响。

负债。我们更多关注负债的完整性,比如企业的职工薪酬方面是否因为改制或者收购承担额外的职工辞退补偿,产生未来社会保险的义务,并且企业是否有员工激励计划。这些都是我们需要关注的财务状况。或有负债是否存在对外担保,是否有未解决的诉讼。这些潜在负债也是企业应该关注的事项。

三、关联方交易

关联方交易十分重要,尤其在上市或融资的过程中,如果你的收购对象或者上市主体关联方交易较多,一定要关注关联方交易的价格是否公允。前几年美国发生了一个比较大的交易丑闻,就是东南融通公司财务造假。东南融通在美国从市值十几亿到现在退市,一个重要原因就是被怀疑通过大量的关联交易转移利润。

因为时间关系,我今天就简单介绍到这里,谢谢大家。

海航旅业旅游产业投资布局

海航旅业控股集团董事长兼首席执行官 张岭

一、全球旅游产业发展概况

2012年,全球经济增长仍呈两极分化发展态势,新兴经济体表现强劲,发达国家停滞不前。

在旅游市场方面,欧洲以及美国等传统旅游市场继续呈现紧缩趋势,金砖四国成为推动旅游市场增长的主要力量。受亚太以及东欧市场推动,2012年全球游客(跨境游)数量将达到十亿人次以上,同比增长3.4%;在新兴国家旅客消费带动下,全球旅游总消费预计达到8.5万亿~8.8万亿美元,全球旅游市场东移趋势明显。

2012—2016年,购物游、邮轮以及温泉等新兴业态有望继续保持高速增长态势,在线旅游市场表现将继续优于线下旅游。

随着互联网的发展及支付方式的改进,新兴市场的在线旅游市场将继续保持较高增长态势,在线旅游的发展将极大提升消费者的信息获取能力,使消费者在旅游产业中获取更多主动权。

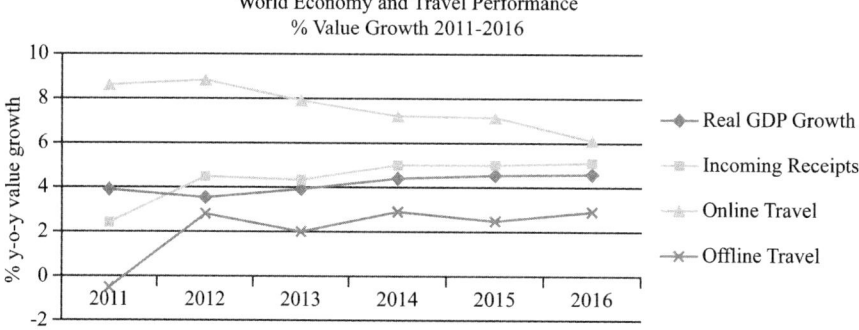

Source: Euromonitor International, IMF
Note: Travel value is composed of car rental, hotel and air transport sales, based on US$ at constant 2011 prices

（一）亚洲

2012年，亚洲GDP增长率预计为5.8%，而国际入境旅游增长率预计达到7.6%，远高于全球平均水平，成为推动全球旅游市场增长的核心动力。

2012—2016年，随着旅客数量的攀升，亚洲酒店收入预计增长7%，市场竞争将更加激烈。兰博基尼预计在亚洲新开40个五星级酒店，中国将成为其在亚洲最重要的高端酒店品牌市场。随着高端汽车奢侈品品牌进军酒店市场，Dior、Gucci等品牌将成为其在亚洲酒店市场最重要的潜在竞争对手。

Asia：Key Performance Indicators 2011–2013

growth %	2011	2012	2013
Real GDP Growth	6.0	5.8	6.4
Arrivals, Trips	5.3	6.3	5.9
Incoming Tourist Receipts Value US $	2.9	7.6	7.0
Air Transport Value US $	2.6	6.8	6.8
Hotels Value US $	3.0	7.1	6.2
Travel Retail Value US $	2.6	4.5	4.5

Source：Euromonitor International

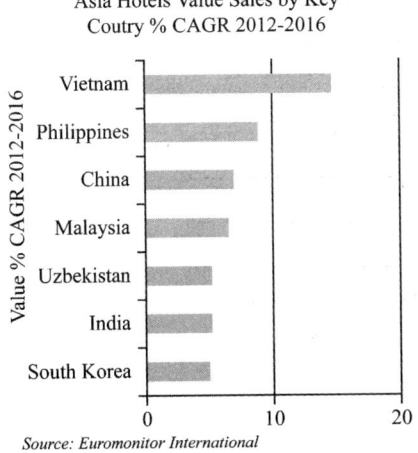

(二) 中国

2012年前三季度，在全球产业环境大幅衰退的情况下，中国居民旅游花费约为1.3万亿元，同比增长19.5%，仍保持两倍于GDP的增长速度，居民的出游意愿高达81.6%，处于一个较为景气的水平。

2012年全年我国旅游接待总人数预计将达31.3亿人次，旅游总收入将达2.6万亿元，同比分别增长12.8%和16.6%。

尽管2012年中国旅游发展环境存在下行压力，但旅游经济整体仍保持平稳较快发展势头。国内游、入境游和出境游三大市场仍维持"两高一平"发展态势。

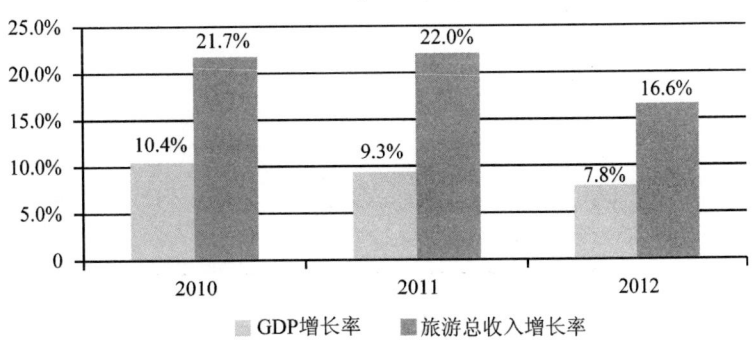

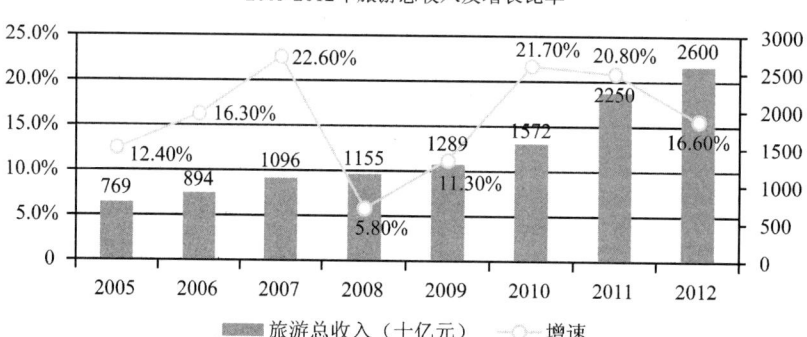

2005-2012年旅游总收入及增长比率

二、中国旅游产业投资现状及热点

（一）中国旅游产业投资现状

从旅游产业投资情况看，"十一五"期间，我国计划总投资1.78万亿元，比"十五"开工建设的旅游项目总投资8281.5亿元增长了116%，预计"十二五"期间旅游产业投资将突破5万亿元。其中，东部旅游投资占比40%，占据主体地位，西部旅游投资增长迅速。

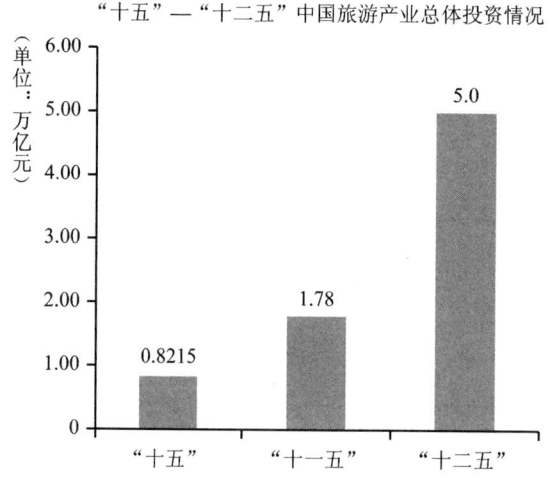

"十五"—"十二五"中国旅游产业总体投资情况

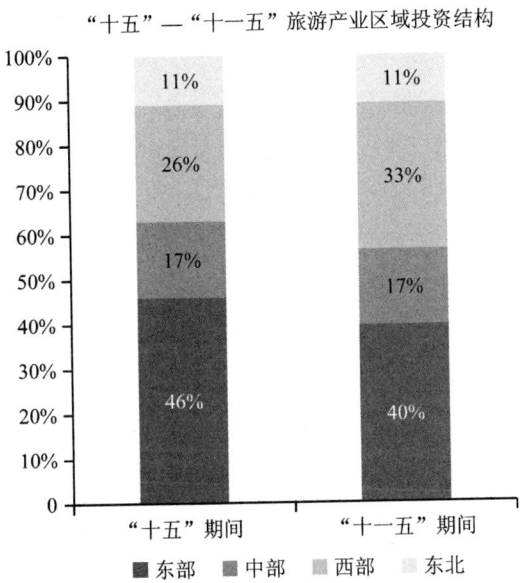

"十五"—"十一五"旅游产业区域投资结构

（二）中国旅游产业投资热点

未来五年，受国家政策限制，高尔夫、主题公园等项目的投资将有明显的抑制。而伴随互联网及移动互联产业的发展，"旅游+X"类产业融合趋势加速，旅游金融、在线旅游、智慧旅游、海洋旅游等渐成产业投资热点。

1. 旅游金融：各路资本跻身旅游产业，旅游基金热浪来袭

2012年"旅游金融"政策面向好，《关于金融支持旅游业加快发展的若干意见》《关于鼓励和引导民间资本投资旅游业的实施意见》等政策相继出台，未来"旅游"与"金融"的结合程度将更加密切。

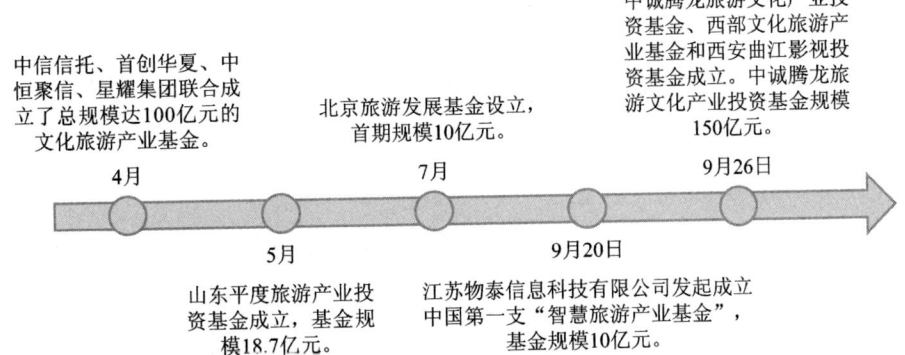

2. 智慧旅游：旅游与IT产业融合进程加速，智慧旅游促进景区终端服务模式升级

随着互联网技术、第三代移动通信技术（3G）的逐渐普及和第四代移动通信技术（4G）概念的提出，RFID（无线射频识别系统）、二维码、WSN（无线传感网络技术）应用环境日趋成熟，IT与旅游产业融合进程加速，景区终端服务模式步入升级拐点。

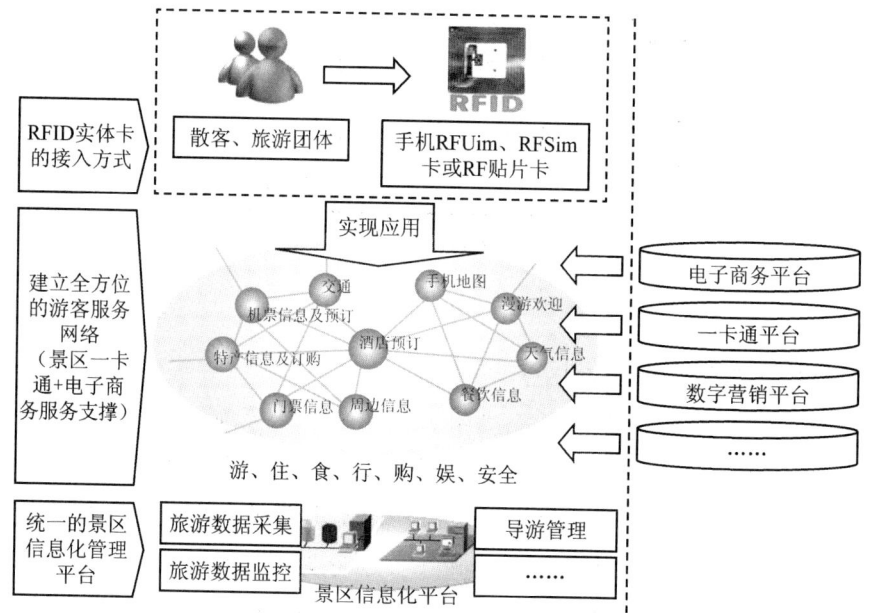

3. 在线旅游：传统在线旅游方兴未艾，移动互联市场烽烟再起

2012年，中国在线旅游市场交易规模将达1620亿元，同比增长52.8%。

预计2013年我国在线旅游市场交易规模有望达到2280亿元，在线旅游渗透率将提升至8.7%。

2011年，中国在线旅游行业已经披露的投资事件为14起，投资金额为5.71亿美元，在线旅游已成为继电子商务、社交网络、网络游戏、网络营销之后的又一VC/PE投资热点。

相比互联网产品，移动互联网旅游市场尚处于起步阶段，未形成固定格局，机会值得挖掘。

2008—2011年中国在线旅游行业投资情况

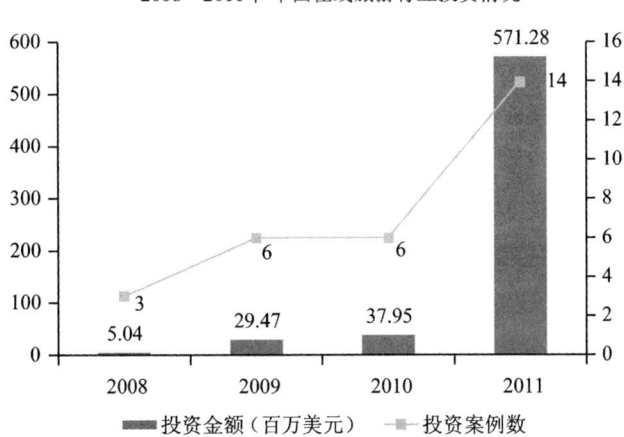

4. 海洋旅游

邮轮旅游：邮轮旅游是中国旅游业"十二五"期间发展的重点领域，国家旅游局正与相关部门编制《中国邮轮旅游经济总体规划》，未来3～5年，我国邮轮旅游将迎来爆发式增长。预计到"十二五"期末，中国邮轮旅游市场将突破100万人次。目前上海、天津、海口、三亚邮轮母港均已建成，而青岛、大连、厦门、宁波、深圳、湛江等也都提出建设邮轮母港设想。

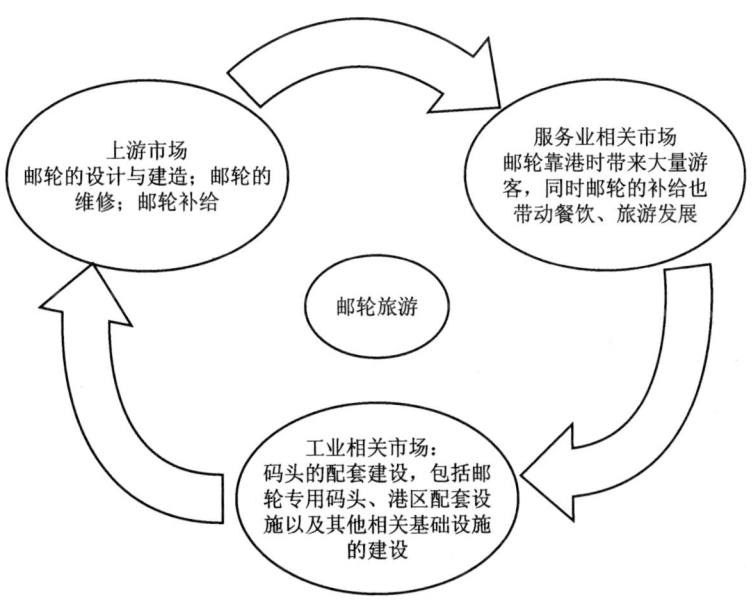

　　游艇旅游：游艇业被称为"漂浮在黄金水道上的商机",已成为国际上一个庞大、热门的产业,拥有产业链长、配套环节多、迂回生产方式复杂、集中密集度高等特性。目前,中国内地游艇消费市场已成为亚洲第三大市场,仅次于日本和香港,并且预计在未来五年内发展为亚洲第一。目前,全国已有17个省市地方政府和企业正在规划和布局景观水系开发和游艇俱乐部建设。主要分布在长三角、珠三角和环渤海经济区。截至2011年,我国内地已有99家游艇俱乐部,其中,正式注册营业的游艇俱乐部总数约为67家。据专家判断,未来10年,中国游艇业的年均增速将达30%以上,迎来持续的行业新景气。

　　无人岛开发：2011年4月12日,国家海洋局对外公布我国第一批可开发利用无居民海岛名录,涉及辽宁、山东、江苏、浙江、福建、广东、广西、海南等8个省区的176个无居民海岛。按照规定,取得开发资质的企业或个人,最高可以获得海岛50年的开发使用权。据不完全统计,我国有6000多座面积超过500平方米的岛屿,还有1万多个面积在500平方米以下的岛屿。毫无疑问,旅游开发将在无人海岛开发中扮演极为重要的角色,并由此推进我国海洋旅游业进入历史新纪元。无人岛更适合成为海洋旅游新项目的"创意天堂",成为知识英雄、创意英雄的用武之地。

　　三沙旅游：我国最年轻的城市——三沙市于2012年7月24日正式挂牌成立,其驻地为永兴岛,岛上有机场可起降波音737机,码头可停5000吨位船只。三沙市是岛屿岛礁最多的城市,包括260多个岛、礁、沙、滩,岛屿面积13平方千米。它也是海域面积最大的城市,海域面积200多万平方千米。三沙旅游资源极其丰富。政府大力支持三沙旅游开发。

5. 通用航空

通用航空是旅游产业发展的重要交通资源基础。作为大众经济的通用航空每年给美国带来1500亿美元的经济贡献，创造了126万个就业岗位。从国外经验看，"人均GDP跨过3000美元"是通用航空市场快速发展的条件，而在2008年中国人均GDP就已达到了3266美元。中国通用航空市场作为一个总量高达万亿元的产业，拥有巨大的想象空间。调查显示，中国内地拥有87.5万个千万富豪和5.5万个亿万富豪，1/6的富豪计划购买私人飞机。未来5~10年，中国通用航空器市场总量有望达到1万~2万架。而目前，这一数字仅为1000余架。2010年8月国务院、中央军委发布了《关于深化我国低空空域管理改革的意见》，市场期待已久的低空空域利用将得以破冰！

国家	中国（2009）	美国（2009）	加拿大（2006）	澳大利亚（2006）	巴西（2006）
面积（万平方千米）	960	937	1000	770	851
人口（亿）	13	2.99	0.33	0.20	1.89
国民生产总值（十亿美元）	2700	13200	1300	780	1100
通航飞机数量（架）	907	224000	31018	11117	10310
通航年飞行小时（万小时）	14	2800	450	169	1500
运输和通航飞机比例	1:0.67	1:32	1:61	1:34	1:24
通航机场数量（个）	399	19750	1700	461	2498
通用航空产值（亿元）	70	10500	—	—	—

6. 旅游地产：恒大、碧桂园、龙湖等齐聚旅游地产盛宴，旅游购物成旅游地产竞争核心要素

随着2009年年底《海南国际旅游岛规划》获批，国家将旅游作为重要发展产业写入"十二五"规划。而国家对住宅地产的调控等因素交织叠加，使得旅游地产成为开发商暂避风险及积极寻求转型的新方向，旅游+商业地产成为投资新热点。受国家政策限制，高尔夫、主题公园等项目的投资将有明显的抑制，而旅游购物类地产模式渐成产业特点。2011年9月30日，万达武汉中央文化区一期产品——楚河汉街隆重开业，开业近一周，楚河汉街便迎客近200万人

次,被誉为"中国第一街"。11月25日,新华联集团与安徽省芜湖市签署了芜湖新华联文化旅游老街项目投资框架协议,总投资为50亿元,总规划建筑面积约33.5万平方米。

三、海航旅业旅游产业投资布局

海航集团作为现代服务业综合运营商,拥有航空旅游业、现代物流业、现代金融服务业三大支柱产业。在客流、物流、资金流方面实现"人畅其行,物畅其流"的人与自然、人与社会的和谐发展。海航集团对所从事的产业实行产业化管理,目前,海航旗下拥有五大产业集团。截至2012年,海航集团拥有10万余名员工,3800亿的自有资产,接近2000亿的管理资产和金融资产,年收入超过1000亿元。2012年,海航集团位列"2012中国企业500强"第112位,并荣列中国服务业企业500强第41位。

海航旅业是海航集团旅游金融平台的核心缔造者,肩负着依托海航集团,以"产融结合、虚实结合"为理念,打造现代旅游新经济体,推动中国旅游产业结构升级的企业使命。海航旅业目前已成功实现在航空产业、旅游金融、智慧旅游、海洋旅游、在线旅游等产业的终端布局,全产业链优势凸显。我们坚持的投资理念是:相关多元,专业化治理。我们把这种全产业链的发展模式称为旅游新经济体。

22个
成员品牌

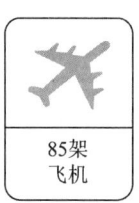
85架
飞机

479辆
可租赁汽车

51家
旅行社

500家
海航乐游门店

27家
易生分子公司

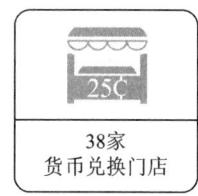
38家
货币兑换门店

(一) 目标定位：中国旅游新经济体

为客户提供四海一家的解决之道；融合虚拟经济和实体经济；整合旅游产业链，做好旅游资源的运营者，扮演好旅游行业战略投资者的角色；发展"产业资本＋金融资本＋IT 资本"创新组合，运用新技术打造旅游综合服务能力，形成自身核心竞争力和品牌内涵；与地方政府（如天津、海南等）开展战略合作等。

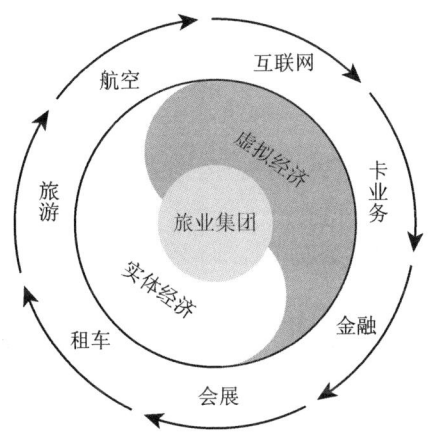

（二）核心战略："一卡一网一中心"

"卡"代表金融产品与工具，包括易生、通汇、华势以及海南一卡通和借用外部银行、银联等金融工具；"网"是消费者从海航购买服务的实体分销渠道与互联网渠道，是连接消费者的纽带，包括新华旅行网、乐游门店、渤海易生、通汇货币各地分支机构以及其他第三方渠道；"中心"是指产品研发、策划和营销中心；"卡网"不一定全部为易生自己所有，但"中心"则必须由自己所有。

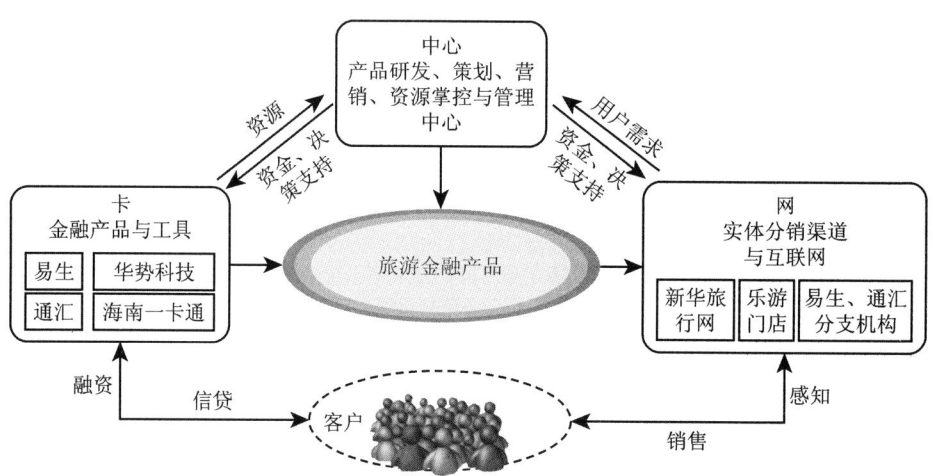

（三）资源拓展

1. 酒店集团

设立酒店集团，创设以唐拉雅秀为首的全系列自主品牌，已打入世界饭店集团300强，致力于打造中国最具竞争力的民族酒店品牌。

2. 航空业务

成立首都航空，现有空客系列飞机共38架，其中，空客A319飞机24架，空客A320飞机14架，已成为国内最大的空客运营机群之一。

成立金鹿公务机公司，现运营各类豪华公务机49架，其中自有28架，托管21架，拥有迄今为止亚洲最大的公务机机队，服务网络覆盖全球，打造全球顶级公务机品牌。

投资3亿元成立北京首航直升机通用航空服务有限公司，目前拥有5架欧直AS 350B3、1架EC 135和1架R22直升机，业务涉及直升机代管、保养维修、驾驶培训、航空俱乐部、空中医疗救援等，目标是成为国内最大的直升机托管运营商；依托组装、销售、维修等各类业务运营，打通通航全产业链，成为产业领军者。

3. 邮轮产业、游艇产业

投资10亿元成立海航旅业邮轮游艇公司，是国内首家本土化邮轮公司，拥有国内第一艘豪华邮轮海娜号邮轮，后续将继续引进邮轮，打造豪华邮轮船队，推动中国邮轮产业的全面发展。

成立三亚阿特米斯游艇公司，拥有超级游艇161艘，是国内最大豪华游艇公司，公司定位于中国游艇产业领头羊。

投资 7 亿元开展海航游艇制造项目，项目建成后将年产中小型动力游艇、海钓游艇等各类船艇 500 艘，用工 1500 人，年产值 15 亿元。

4. 景区开发

投资国内著名景点景区，如红色娘子军纪念园、海南名山七仙岭、充满神秘色彩的喀纳斯等。

（四）网络搭建

1. 物理布点

布局欧洲，控股凯撒旅游，凯撒旅游是"中国出境游十大批发商"、"欧洲旅游专家"。

布局香港，控股康泰旅行社，康泰旅行社连续 10 年成为参加人数全港最多的旅行社。

布局内地，成立海南乐游，拥有门店 500 家，连通国内旅游线路。

2. 虚拟网点

投资 5000 万元成立新华旅行网，并引进麦顿投资，打造中国旅游业最具潜力的电子商务平台，负责海航集团旅游产业链的商业模式创新、资源整合、电子商务平台搭建和相关业务拓展，引领旅游行业电子商务新浪潮。

（五）后台搭建

1. 易建科技

投资 4000 万元成立易建科技，提供智能化信息服务解决方案和电子商务平台运营服务，致力于成为基于"云计算"平台的建设、集成和运营服务的行业领先企业。

2. 渤海易生支付

投资 2 亿元成立渤海易生，是首批 27 家获得第三方支付许可的企业之一，依托全产业链优秀资源，开展各种卡类业务，打造最大的综合性金融消费集团。

3. 通汇货币兑换

投资 2 亿元成立天津渤海通汇货币兑换有限公司，是国内本土最大的专业从事个人本外币兑换特许业务公司，涉及电子旅支服务、离境退税、欧元退税等，力争成为货币兑换及零售外汇综合服务业的优秀民族品牌。

（六）金融支持

筹建旅游银行：通过筹建旅游银行，给旅游产业发展以强大资金支持。

引入社会资本：与大型金融集团开展合作，如与鼎晖投资、瑞银集团、淡马锡、中国国际金融公司等开展合作。

设立旅游基金：与北京市政府合作设立北京旅游发展基金，总规模10亿元，重点投资北京的旅游产业功能区、文化旅游等项目。通过基金带动旅游产业发展，提高旅游产业集聚效果。

四、结束语

国家旅游局与海航集团签订了推进海航旅游产业全球化发展的协议，支持海航旅业集团实施"走出去"发展战略。

在国家旅游局和中国旅游研究院的推动支持下，在各兄弟企业的共同努力下，我们相信中国旅游产业必将成为"美丽中国"最闪耀的部分。

旅游投资的创新战略

上海福颐投资有限公司总经理　费淳路

尊敬的各位嘉宾：

大家好，非常荣幸能够参加这个论坛。

几年前借助一个偶然的机会，我们进行了一个投资转型，开始涉足文化旅游业务，之前我们主要做开发区和国家小城镇的建设。旅游行业经过几十年的发展，在旅游目的地建设、酒店、渠道、服务等方面已经有了长足的发展。作为后来者，我们需要有自己的出发点——文化旅游。我国旅游市场规模巨大，我们估计未来5年市场增长量大概有八千亿到一万亿。今天，我将给大家介绍一下我们的两个投资项目。

我们的投资策略是差异化投资。我们知道的与沙漠有关的故事有很多，比如说凤凰城、卡萨布兰达、迪拜等。这些地方主要给我们提供了差异化的旅居体验。在国内，我们也有很多类似的文化主题公园。如欢乐谷、华侨城、锦绣中华、海洋城、宋城等。它们对当地的发展起到了很大的作用，企业自身也得到了很好的收益。以上项目都是十几二十年前建造的，它们提供的都是主题式的娱乐生活文化。这些都是我们既有的产品，立足于现在，我们也需要一些创新。中国地域辽阔，自然、地域跨度大，文化差异性也很大，可以利用稀缺资源，因地制宜，发展地域文化。

华侨城复制的是一种游乐文化，它们20年复制了13个项目，这些项目基本是同质的，即旅游地产+游乐园。华侨城带到当地的是一种同质的文化，而现在我们的战略是要发掘当地的特色文化。我们认为，我们发掘得越深，项目成功的概率越大，我们的吸引力越强。

一、去茅台镇品酒文化

在"体验差异、畅想文化"的战略指导下，我们在前期用了三年的时间，对茅台酒的产地——茅台镇进行了一种文化发掘。项目今年刚刚启动，进入到投资期。茅台酒是中国乃至全世界的奢侈品消费品牌，其品牌价值已经超过LV。酒是中国人生活不可或缺的一部分，也传承了中国文化的精髓。中国人对酒的消费量、消费方式、消费习惯已成定式，酒文化渗透于我们生活的方方面面，从生到死的过程都离不开酒。我们生下来有满月酒，中间有生日酒、友情酒等，各地都有自己不同的酒文化。茅台酒作为我们的国酒，大家更多的是品尝。茅台镇今年已经完成的白酒生产投资已经达到1000亿。酱香型白酒未来的生产量大约在50万吨。大家都去茅台镇做酒，因为茅台河谷是中国酱香型白酒也是全世界酱香型白酒的唯一产区。

如果我们继续去做酒，我们没有机会。当地市委书记曾问我：您是来投资酒的吗？目前我们欢迎的投资一个厂至少10亿，我们的开发区已经布满酒类项目。我说，我们不是来做酒的，我们是想谈一谈酒的文化，通过酒的文化来提高酱香型白酒的美誉度。我们向地方政府展示了我们前期的研究成果，目前我们的项目已经被列为仁怀市、遵义市、贵州省的重大文化产业项目，期间我们和政府的交流时间仅仅用了一年。

总结这个项目的成功之处，我们认为，首先我们关注的是政府的热点；其次，我们拿出的是差异化的东西，是为其他重大投资做补充和提升，所以受到广泛的欢迎。

二、到沙漠水城避暑

我们做的另外一个投资决策只用了三天时间，即中卫沙漠水城的前期投入。现在该项目已经进入实质性投资期。"十一"之前我刚应邀去了中卫，塞上江南的风光让我这个出生在江南水乡的人都觉得非常震撼。几十平方公里原生态的水乡与沙漠犬牙交错，形成共生，而且它的自然气候、地理条件非常好。所以，我们一行当时一致认为这个地方值得去，我们的目标是按照未来北方避暑胜地的模式来打造。

中卫是治沙典范。中国有两个国家科技特等奖,一个是两弹一星,一个是治沙。中科院治沙所就在中卫。中卫的夏季比较适宜生活,相对湿度一直控制在60~70的范围。在其30~40平方千米的土地上,集聚了各种旅游要素资源。如5A景区沙坡头、旧石器遗址、石窟岩画、高庙、古长城、成吉思汗古渡、腾格里湿地等多种景观。目前中卫也做了一些旅游项目的开发建设。最好的项目是"飞黄腾达",从黄河一边飞到黄河对岸,再从对岸飞到腾格里沙漠。

我们极力推荐这个项目的一个主要原因是当地政府对旅游非常重视。另外当地人民非常朴实,专门召开了旅游体制改革大会,在地级市里非常难得。我认为,不久的将来中卫会成为一个非常热的参与性的旅游目的地。

我们差异化的投资需要我们进行很深入地研究,当然有时也是凭我们的直觉。上述两种项目我们在投资中都会体现。

让资本牵手美丽,共建国际高端旅游休闲目的地

秦皇岛北戴河新区工委书记、管委会主任 李学民

尊敬的杜江副局长,尊敬的赵金勇局长,女士们、先生们、朋友们:大家下午好!

很荣幸接受主办方的邀请参加"2012中国旅游发展论坛",亲身体验这次中国旅游行业的巅峰盛会、财智盛宴,感觉非常震撼,深受启发。下面我就"旅游投融资和旅游目的地建设"这个主题同各位领导、专家学者、业界精英进行交流和探讨,并请批评指正。

首先请允许我简要向各位介绍一下北戴河新区。北戴河新区位于秦皇岛市区西部沿海,东起戴河,西至滦河,北起京哈铁路、沿海高速公路,南至渤海海域,面积425.8平方公里,海岸线长82公里,占秦皇岛海岸线的51%、河北海岸线的17%。2011年1月,秦皇岛北戴河新区实体组建,行政级别为副厅级。自组建以来,北戴河新区致力于打造国际高端旅游休闲目的地,迅速实现开疆破土、高点起跳。目前,北戴河新区拥有4A级景区2个,高端休闲体育公园3个,五星级酒店2所,四星级酒店10所。

两年来的旅游目的地建设实践启示我们,当前中国旅游业已进入产业化发展新阶段,旅游投资已成为区域旅游目的地建设的主要驱动力,地方政府只有科学引导旅游资本投向,搭建起宽广通畅的投融资平台,首先建成旅游资本高地,才能成功打造旅游目的地。同时,区域旅游目的地建设也为各类资本提供了绝佳投资机会和巨大回报空间,使资本的几何倍增成为现实。

女士们、先生们:

建设旅游目的地，需要当地党委、政府以旅游目的地的视角重新审视区域的资源条件，挖掘特色，释放亮点，增加对资本与公众的吸引力。北戴河新区天生丽质，优越的资源禀赋将其造就成为钻石级开发宝地。我们始终坚持在保护中开发，在开发中保护。

一是自然资源得天独厚。北戴河新区汇集着"阳光、海水、沙滩、气候、森林、湖泊、岛屿、温泉、鸟类、田园"等十大旅游资源，有最优质的海水浴场、世界罕见的海洋大漠、华北最大的潟湖和22万亩连绵葱郁的林带，海洋生态系统、森林生态系统、湿地生态系统一应俱全，是中国最美的八大海岸之一。其中昌黎黄金海岸为中国首批五个国家级海洋自然保护区之一，堪与澳大利亚昆士兰州的黄金海岸媲美。北戴河新区冬无严寒，夏无酷暑，滩宽水清，沙软潮平，林木葱郁，空气清新。大自然的鬼斧神工，锻造了由黄沙、绿地、碧海、蓝天构成的奇特景观。被列为国家首批健康海水浴场，环境噪声质量全年达到国家0类标准，空气质量全年达到国家一级标准，海水质量达到或优于国家二级标准，是中国北方沿海地区最后一块待开发的钻石级宝地。

二是区位交通优势独特。北戴河新区地理位置优越，与国际著名的旅游避暑胜地、有中国夏都之称的北戴河隔河相望，距秦皇岛市中心区23公里。位于东北与华北两大经济区的结合部，是最具发展潜力的环渤海经济区和京津冀都市圈、环首都经济圈的中心地带，距北京280公里，距天津243公里，素有京津后花园的美誉。新区交通便捷，京哈、京秦、大秦及津秦客专，京沈高速、承秦高速、沿海高速、102、205国道，秦皇岛港及正在建设的北戴河国际机场共同构成便捷通畅的立体交通网络。

三是文化底蕴积淀深厚。近代以前，历朝历代很多帝王和名人在北戴河新区附近这片土地上留下了足迹，如秦始皇、唐太宗、康熙以及戚继光、顾炎武等。到了近代，又有孙中山、李大钊、毛泽东、刘少奇、朱德、周恩来、邓小平、胡耀邦、江泽民、胡锦涛等老一辈无产阶级革命家及党和国家领导人，在此留下光辉记忆。秦皇求仙入海、魏武碣石挥鞭，秦皇文化、碣石文化、滦河文化在此交相辉映。新区面对的海是当之无愧的中国文化名海，新区背倚的山是载入史册的中国历史名山。千百年来，海的文化绵延不断，山的气韵生机盎然。新区周边和当地的人文资源为新区积淀了宝贵的精神财富，塑造成为新区开发建设的灵魂。同时国家各部委、各省市在北戴河、南戴河、黄金海岸设立办事机构，形成内引外联的网络和强大的信息汇集地，也为北戴河新区集聚了独有的人脉资源。

女士们，先生们：

建设旅游目的地，无时无刻不在考验着地方主政者的智慧与魄力，能否科学地进行顶层设计、是否具备完美的执行能力、能不能为资本营造一个适宜增长的空间，决定着旅游目的地建设的成败。在推进北戴河新区的开发建设中，我对以下四点感受极为深刻。

第一，高端的规划定位引领科学发展浪潮。我们坚持高站位、大气魄、大手笔建构新区规划体系。委托中国两家行业顶级机构——中国城市规划设计研究院和中国旅游研究院分别对总体规划和产业发展规划进行了调整、编制，确立了高端发展定位和现代产业体系。我们的发展方向是：按照全区域5A级景区标准，快速拉开40万人口的中等城市框架，建设京津卫星之城、园林生态之城、近海亲河水城，打造国际高端旅游休闲目的地和国家现代服务业示范区，使北戴河新区成为中国的"夏威夷"。到2015年，北戴河新区年接待游客达2000万人次；到2020年，年接待游客3000万人次。

第二，良好的发展环境形成强大资本磁场。我们持续优化发展环境，强力打造投资成本洼地。瞄准国际水准，对焦新国标，本着"先地下，后地上"的原则，启动了总投资490亿元的基础设施配套建设，加快形成完整的水电路气讯配套网络。实施北戴河近岸海域综合整治等重大生态治理工程，建设优越的生态文明。我们始终坚持招商选商并重，更重选商，全方位营造亲商重商的社会环境，使北戴河新区成为投资创业的热土。华侨城集团、国华置业、中冶东方、荣盛集团、美国好莱坞投资集团、太平洋建设集团、万方投资控股集团等20家战略投资者纷至沓来。

第三，畅通的投融资平台夯实项目建设高地。我们积极探索金融改革创新，初步构建了涵盖银行、保险、证券、基金、信托、资产管理等各类金融机构与产品的多渠道、多元化资本运营体系。并纳入国家开发银行"融资、融智、融商"综合服务试点，大幅提升了新区金融信用水平。正在组建北戴河新区农村商业银行。通过BT模式融资11.5亿元，新区内生发展能力显著增强。目前，新区在建项目25个，总投资897亿元，累计完成投资75亿元。北戴河新区国际旅游度假中心、葡萄岛综合旅游等一批大型旅游综合体项目正在快速推进。总投资693.6亿元的北戴河新区生态颐养度假中心等13个重点项目将密集开工。

第四,叠加的政策机遇聚合巨大改革红利。2011年11月,国务院批准实施《河北沿海地区发展规划》,河北沿海发展正式上升为国家战略。北戴河新区与曹妃甸新区、渤海新区共同构成河北沿海地区开发建设的三大主战场。北戴河新区还拥有国家旅游综合改革示范区、国家现代服务业综合改革示范区、国家公共文化体系建设示范区和国家绿色节能建筑示范区等四个"金字品牌",在众多领域获批先行先试。近日下发的《河北沿海地区发展规划实施意见》,给予北戴河新区包括建设金融改革创新试验区、城乡统筹发展示范区、申列国家经济技术开发区、离区免税购物政策等22项特殊扶持政策。拥有国家、河北省多重政策支持的北戴河新区,享受巨大改革红利。

女士们,先生们:

占区位之优、拥资源之众、享政策之利、凭实践之基,北戴河新区已经站在了率先发展、跨越发展、示范发展的历史起点上,当前及今后一段时期,我们要努力实现以下"三个突破",确保早日建成国际高端旅游休闲目的地。

第一,努力实现国际知名滨海旅游度假区建设的新突破。以大型旅游综合体建设为支撑,完善观光休闲、温泉体验、颐养度假、娱乐购物等旅游业态,加快建设五星级酒店群、10个国际休闲浴场、10条特色精品街,开通7条内河观光航线,构建4横11纵精品旅游路线,培育世界级旅游休闲度假品牌。

第二,努力实现国家现代服务业示范区建设的新突破。结合新区核心区建设,高水平规划建设新区行政中心、会展中心、金融中心、商务中心、总部基地,大力推进高新技术园区和生态文化园区建设,加快构筑国际一流的海岸CBD,打造以环渤海地区新兴金融中心、科技研发中心,全国文化创意产业核心基地、健康养生示范基地,东北亚地区重要总部经济基地,国际一流会展中心为主要标志的国家现代服务业发展示范区。

第三,努力实现国家生态文明示范区建设的新突破。实施园林绿化、内河治理等重大生态治理工程。突出旅游绿道、森林绿道、城区绿道三个重点,建设"五横三纵"生态景观廊道,森林覆盖率达到60%以上。对12条内河进行综合整治,启动七里海生态恢复工程,保护放大独有的湿地景观。以重大项目建设为载体,以中德技术合作平台为支撑,创建中国最高标准绿色节能建筑示范区。积极推进与天津东丽区战略合作,建设城乡统筹发展示范区,实现区域城乡一体化。最终创建以生态低碳为主题的国家级新区,努力成为美丽中国建设的先行区、示范区、样板区。

女士们，先生们：

资本一旦牵手美丽，必将谱写合作的典范，创造财富的奇迹。在建设国际高端旅游休闲目的地征程中，我们有山一样的意志，海一样的胸怀，我们将以最大的诚意，尽最大的努力，为广大投资者提供最良好的环境、最优质的服务。我们真诚欢迎各位莅临北戴河新区做客观光、考察指导、投资兴业、共铸辉煌。最后，祝各位领导、各位专家、各位朋友身体健康、工作顺利、纳福呈祥！

谢谢大家！

第三编
中国旅游集团调研报告

2012年第一季度综合旅游企业经济运行报告

1 总体判断

2012年第一季度我国旅游经济运行继续保持良好的发展态势,持乐观预期的综合旅游企业比重较2011年第四季度有所上升。总体表现在以下几个方面:

➢ 综合旅游企业企业家信心指数有所增长。绝大多数受访企业对第一季度旅游行业总体发展形势持乐观态度,比例明显高于上年第四季度。对全年我国旅游业的发展预期基本持乐观态度。

➢ 在企业经营状况方面,极少数企业认为一季度会出现下降,但在企业绩效指标上认为持平与增加的企业比例基本平分秋色。

➢ 从企业规模来看,三大类型企业的乐观预期皆有所上升。其中,以大型企业对旅游行业总体预期和自身本季度的经营情况所持乐观态度比重最大,中型企业次之。

➢ 从企业类型来看,受访企业对一季度的整体预期继续看好,股份制企业对行业总体发展预期比国有企业仍旧更为乐观。

➢ 从区域发展来看,华南地区旅游热点较为突出,其次为华中,两地区没有企业持一般及以下态度。

➢ 在企业经营情况的九项指标中,从业人员、员工工资及固定资产投入三项指标增幅最大,均以增加为主,其他各项指标以持平为主。

2 第一季度综合旅游企业景气分析

全国有30家综合旅游企业参加了2012年第一季度的调研。这些综合旅游企业多数集中在华东地区并且为400人以上的大型企业。企业类型以国企与股份制企业为主。本次调研兼有两家外资企业。

表1 一季度受访企业规模、地区与类型比重分布

企业规模			企业所在地区			企业类型			
小型	中型	大型	华东	华中	华南	国企	民营	股份制	外企
10%	20%	70%	56.7%	20%	23.3%	50%	13.3%	30%	6.7%

2.1 综合旅游企业对中国旅游业发展的判断及预期

2.1.1 对第一季度中国旅游业发展的总体预期

总体来说，多数受访企业对本季度旅游行业总体发展形势持乐观和非常乐观态度，与2011年第四季度发展预期相比，持乐观态度的企业比重基本无变化（56.7%）。但本季度持非常乐观态度的企业比重由6.7%上升至36.7%，上升幅度大。持一般预期企业占比仅为6.7%，本季度没有企业表示不乐观。

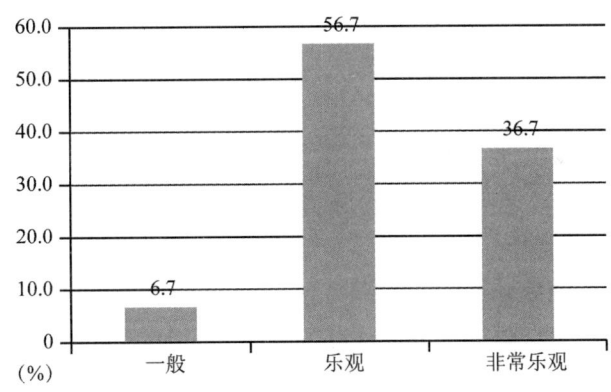

图1 综合旅游企业对2012年第一季度旅游行业总体发展形势预期

2.1.2 不同规模、地区、类型企业对旅游业发展的预期

从企业规模看，本季度大中小型企业对旅游业发展预期与上季度差异较大，所调查的3家小型企业预期皆为乐观，比例为100%。大型企业整体乐观程度略高于中型企业。大型企业持乐观以上态度比例较四季度增长明显（由75%上升至95.2%），其中有57.1%的企业对本季度的发展预期持乐观态度，4.8%持一般态度，38.1%持非常乐观态度，整体预期明显好于上年四季度。中型企业对

本季度的旅游行业总体发展形势预期，持乐观态度的比例与上季度一致为33.33%，而持一般态度比例由66.67%降至16.7%，剩余50%比例皆持非常乐观态度，整体预期同样明显好于上年四季度。大中小型企业皆没有表示不乐观者。

从企业所在地区来看，三大地区对本季度我国旅游业总体发展预期较上季度整体上增幅明显。而按地域分布来看，本季度发展预期格局与四季度差异明显，虽华东地区持非常乐观比例最高，但华中与华南两地区皆没有持一般及以下态度者，即持乐观及以上比例达100%，其中又以华南地区表现更佳。在华东地区受访企业中，41.2%持乐观态度，而非常乐观态度比例由14.29%上升为47.1%，增幅较大。此外，持一般态度比例为11.8%。而在华中地区，持乐观态度企业比例为83.3%，持非常乐观态度企业比例占16.67%，没有企业持一般及以下态度，乐观程度继续好于四季度。在华南地区，持乐观态度企业由40%上升为71.4%，增幅较大，28.6%持非常乐观态度，没有企业持一般及以下态度，整体乐观程度增幅较为突出。

从企业类型来看，股份制、民营以及国企三大类型企业本季度乐观程度整体好于2011年四季度，其中又以股份制企业预期最为看好。本季度，股份制企业持乐观态度的比重由44.44%升至66.7%，剩余33.3%持非常乐观态度，没有股份制企业持一般及以下态度，整体预期大大好于上季度。国有企业中，持乐观态度比重由上季度的57.14%略降至53.3%，持非常乐观态度比重由7.14%增至40%，增幅明显，仅6.7%持一般态度。25%的民营企业持乐观态度，降幅较大（上季度为80%），25%持一般态度，比例基本不变，而有50%比例持非常乐观态度。此外，本次受访的外资企业皆表示乐观，比例100%。

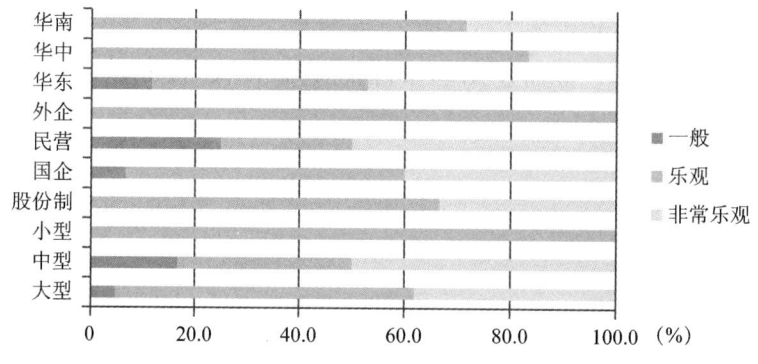

图2　一季度不同规模、类型与区域企业对所在行业发展的预期

2.2 综合旅游企业对本企业本季度经营情况预期

2.2.1 对2012年一季度本企业经营情况的总体预期

从一季度的调研结果来看,综合旅游企业对自身本季度的经营情况预期较上季度有所回落。认为本季度经营状况会比上年四季度有所提升的企业比重继续下降,降幅约为20%(由上年四季度的53.33%降至33.3%),没有企业认为本季度经营状况会出现较大上升。此外,认为经营状况持平的企业比重由上季度的23.33%上升至56.7%,而有10%的企业认为一季度会出现下降。总体上看,一季度受访企业对整体旅游发展预期平稳,较四季度的预期稍有下降。

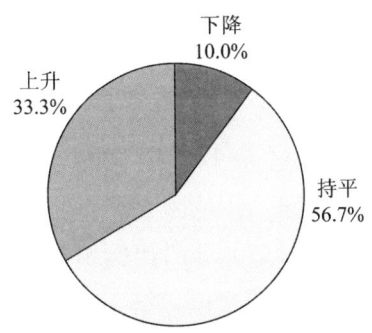

图3 2012年一季度综合旅游企业经营状况预期

2.2.2 不同规模、地区、类型企业对本企业经营情况的预期

从企业规模看,本季度受访的30家旅游企业对自身经营状况的预期多数认为不会有太大变化。大中小型企业比较而言,仍以大型企业预期为佳。在大型企业中,42.9%认为会上升,较上季度的62.5%降幅较大,但认为会持平比例为47.6%,认为下降的比例不变,依旧为9.5%。而小型企业中,没有企业认为本季度会出现上升,反而认为会下降的比例由18.18%增至33.3%,剩余66.7%皆持持平态度,与上季度的45.45%认为会上升的情况相比,小型企业本季度预期较上季度有所下降。而中型企业中,没有企业认为本季度经营状况会出现下降,认为持平的比例高达83.3%,认为上升的比例为16.7%,整体较上季度有所上升。

从企业所在地区看,三大地区对本季度经营情况的预期较上年四季度也基本保持平稳。而其中华南地区的预期稍佳。具体来说,华南地区中,42.9%企业认为会继续上升,较上季度下降约37%,剩余57.1%认为持平,整体预期与上年四季度相比下降较为明显。华东地区企业中,认为上升的企业比重基本与上季度持平,为35.3%,而认为会持平的比例由35.71%升至58.8%,认为下降的比例由21.43%降至5.9%,没有企业表示会有较大上升,整体预期平稳,认为与上季度变化不会太大。华中地区企业中,认为一季度经营情况将有所上升者从50%降至16.7%,认为持平者由33.33%上升为50%,认为下降者比例有所增大,由上季度的16.67%升至33.3%,整体预期较四季度有所下降。华中地区没有企业认为本季度经营会出现较大上升。

从企业类型看,股份制企业、国企以及民营企业对一季度自身经营情况预期中,以民营企业最为看好,其次为国企、股份制企业。其中,一季度民营企业预期较上年四季度有所好转,认为持平、上升的比例各占50%,没有民营企业认为本季度会出现下降,而上季度认为下降的比例为40%。在国有企业中,认为会上升的企业比重从四季度的42.86%略降至40%,认为持平的比重由42.86%略升至46.7%,剩下13.3%认为会出现下降,整体预期与上年四季度基本一致。股份制企业中,认为会上升的比例由77.78%降至22.2%,降幅约达55%,而持平比例与下降比例各为66.7%、11.1%。此外,本次受访的两家外资企业皆持持平态度,比例100%。

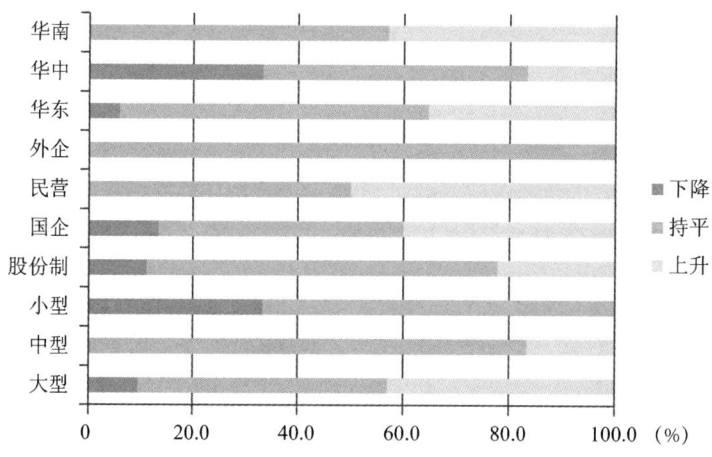

图4 一季度不同规模、地区、类型企业对本企业经营情况的预期

2.3 具体经营指标分析

2.3.1 企业具体经营指标分析

2012年第一季度，与综合旅游企业具体经营情况相关的十项指标总体运行较上年第四季度以持平与增加为主。其中，从业人员、员工工资以及固定资产投资三项指标的增加比例在75%以上。

具体来说，从就业情况的两个指标从业人员数和员工工资情况看，与四季度不同，所有的受访企业表明一季度就业情况的这两个指标以增加为主，认为增加的比例依次为76.7%、80%，持平比例依次为23.3%、20%，没有企业认为从业指标会有减少或较大增长。总体上说，从业人员指标较四季度变化明显，而员工工资指标变化结构与上季度差异不大。

从企业绩效的四个指标营业收入、营业成本、产品价格和利润水平的情况看，在产品价格方面，认为产品价格会增加的企业比重由53.33%降至43.3%，而56.67%受访企业认为会维持不变，也就是说，所有受访企业都认为本季度产品价格要么持平要么增加。在营业收入方面，认为会有所增加的企业由上季度的60%降至46.7%，而50%认为会出现持平，3.3%认为会减少。而在利润水平指标上，认为会增加的企业比重有所下降，由上季度的56.67%降至本季度的46.7%，认为持平的企业比重由四季度的33.33%升至53.3%。在营业成本方面，认为会有所增加的比重较上季度的63.33%下降了16.6%，50%认为会持平，3.3%认为会减少，没有企业认为营业成本会出现较大增加。这些数据表明了企业对2012年一季度绩效情况依然比较看好，但整体增长比率不如四季度。

从企业规模的三项指标预订人数、接待人数、固定资产投资情况看，预期良好的受访企业比例有所回升。在预订人数方面，表示会增加的企业从60%下降到36.7%，降幅明显。而表示持平的企业从30%上升到60%，仅3.33%的企业认为会下降，没有企业认为预订会出现较大的增长。在接待人数方面，认为会增加的企业从60%降到43.3%，持平比重由30%上升到53.3%，表示会减少的企业比重依旧为3.33%。这些数据表明，本季度企业客流量会有所增加，但整体预期较上年四季度更为保守。而从固定资产投资这一指标来看，本季度没有企业认为其固定资产投入会有较大增长或减少，23.3%认为会持平，76.7%认为会所增加，该比例结构说明本季度的固定资产投入较四季度有所增加。

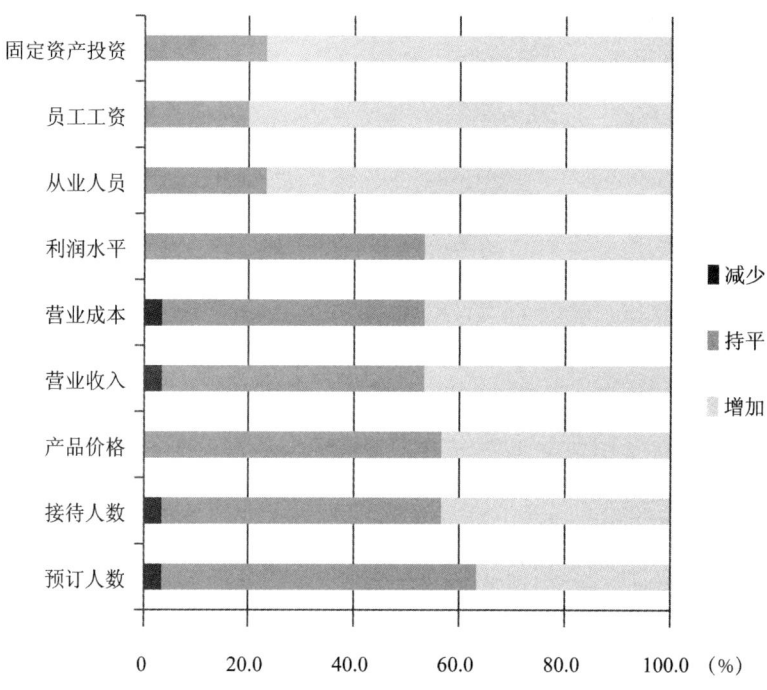

图 5 本季度与 2011 年四季度相比综合旅游企业经营指标变动情况

2.3.2 不同规模、地区、类型企业具体经营指标分析

从企业规模看，大中小型企业经营状况总体上来说比上季度有所提升。其中，以中型企业经营状况表现为佳。在反映企业规模变化的固定资产投入、预订人数与接待人数的三大指标中，大型企业在固定资产投入明显增加的基础上，预订人数和接待人数以持平为主。反映企业绩效的产品价格、营业收入、营业成本以及利润水平四个指标在大型企业中也以持平为主。小型企业本季度的指标表现基本与上年四季度一致。在66.7%的小型企业不增加固定资产投入的情况下，近70%的小型企业认为预订人数、接待人数会有所增加。但小型企业在反映企业绩效的产品价格、营业收入、营业成本以及利润水平四个指标上以持平态度者居多。此外，本季度半数中型企业表示固定资产投入会增加，而整体上中型企业的接待人数与预订人数以增加为主。产品价格、营业收入与营业成本、利润水平都以增长为主。

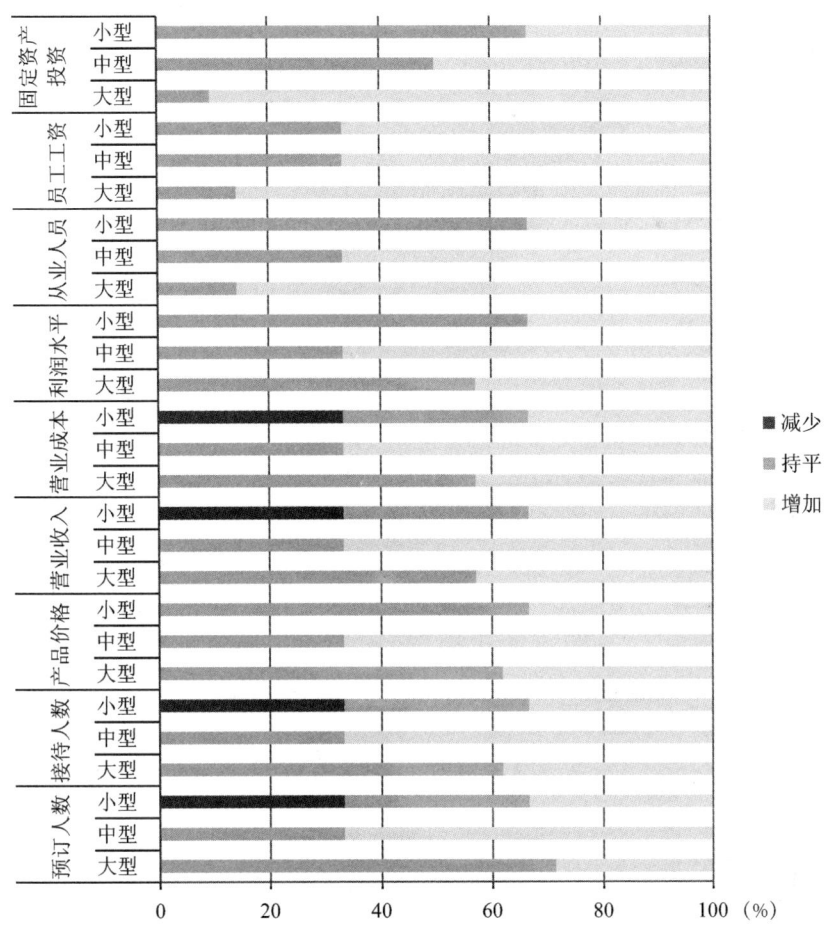

图6 不同规模的综合旅游企业同比经营指标变动情况

从不同地区的综合旅游企业来看,本季度较上季度有一定变化,三大地区的企业各项指标以持平为主。而相对而言,仍以华东地区企业的指标预期表现最佳。具体来说,在反映企业规模的固定资产投入、预订人数以及接待人数三个指标中,华东地区企业的固定资产投入增幅略小于华南华中地区,而预订人数与接待人数涨幅明显高于华南华中。同样,其他反映就业情况与企业绩效的六个指标皆以增长为主,且企业绩效指标较华南华中地区增幅较大。在华南地区,企业的两项就业指标增幅达80%以上,固定资产投入增幅最高,上述三项指标皆高于华东华中地区,但企业绩效的指标及企业规模的其他两个指标皆以持平为主。华中地区在本季度的预期依旧不如华南与华东两区,除从业人员、员工工资及固定资产三项指标以增长为主外，其余六项指标皆以持平为主。

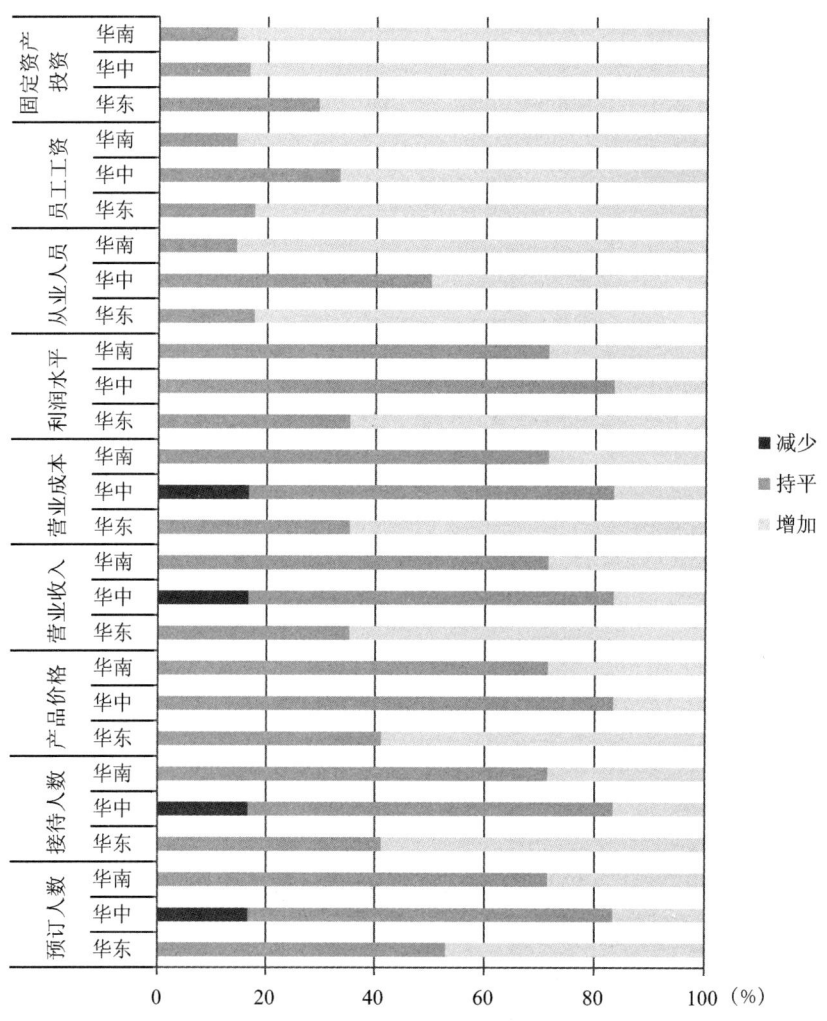

图7　不同地区的综合旅游企业同比经营指标变动情况

从不同类型企业看，本季度以民营企业的预期表现为佳，其次为国有企业。民营企业的所有指标皆以增加为主，尤其是在接待人数、产品价格、营业收入、利润水平、从业人员、员工工资这六项指标上皆表示有100%的增加。但本次调研的民营企业仅有4家，其对所有民营企业的代表性不如本次受访的15家国企的代表性。本季度，国有企业在从业人员、员工工资及固定资产投入这些企业规模指标上以增加为主,同样在营业收入、营业成本及利润水平这三项反映企业绩效的指标上也以增加为主,其余指标以持平为主。股份制企业除从业人员、员工工资及固定资产投入这三项反映企业规模的指标以增长为主外,其余各项指标以持平为主。本次受访的两家外资企业除固定资产投入、从业人员及员工工资三项指标的持平与增加各占一半外,其他的指标皆表示持平。

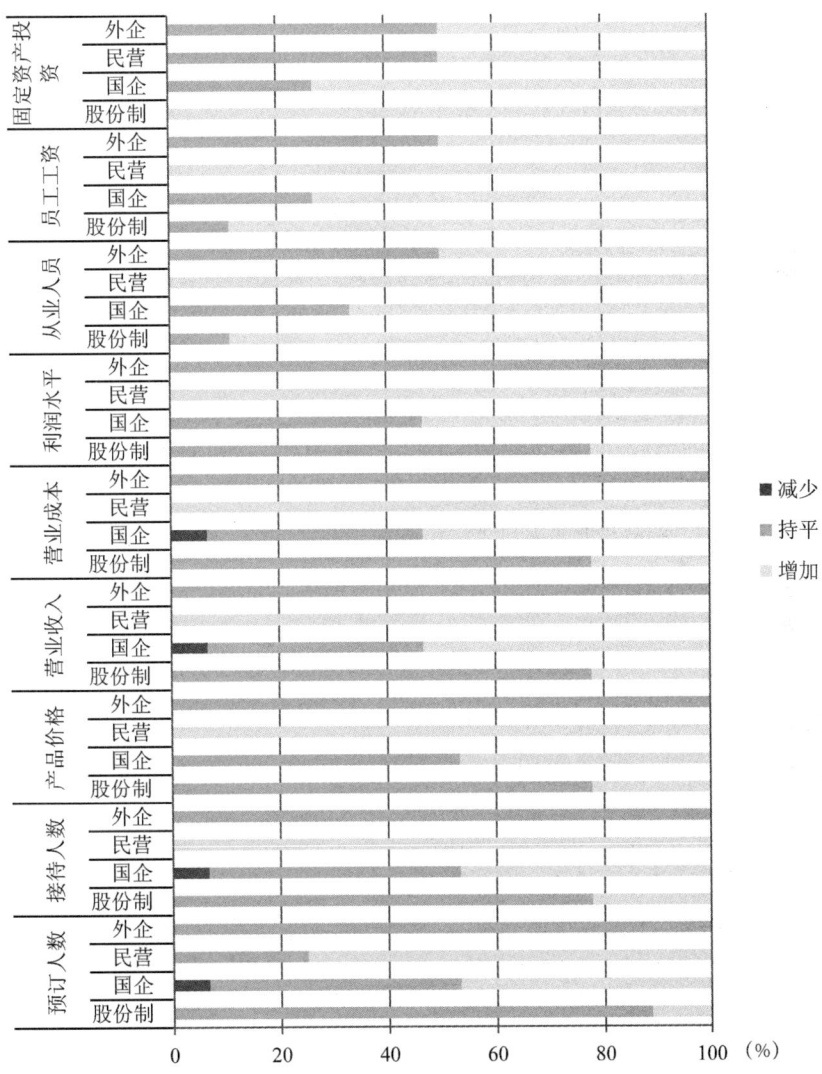

图 8 不同类型的综合旅游企业同比经营指标变动情况

3 第二季度综合旅游企业趋势预测

3.1 综合旅游企业对中国旅游业发展预期

3.1.1 对二季度旅游行业总体发展形势的预期

从本季度的调研数据看,企业对 2012 年二季度的预期与上年对一季度的预期相比稍有上升。有 93.3% 的企业认为二季度会继续上升,剩余 6.7% 的企业认为二季度会持平。总体来讲,受访企业对二季度的发展预期保持较高的信心。

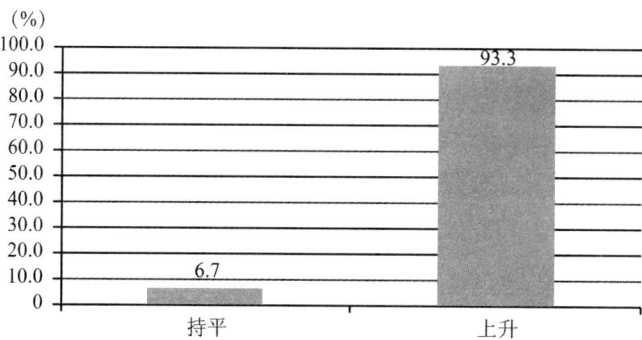

图 9 综合旅游企业对第二季度旅游行业总体发展形势预期

3.1.2 对今年旅游行业总体发展形势的预期

本次受访企业对今年旅游行业总体发展预期趋好。有八成以上旅游企业持上升态度,认为持平的企业比重为 10%,仅 3.3% 企业认为会出现下降。这表明企业家对今年旅游行业发展情况比较乐观,对中国旅游业未来发展看好。

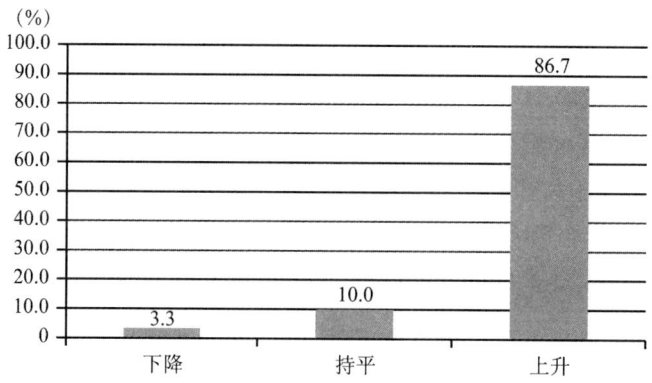

图 10 综合旅游企业对今年旅游行业总体发展形势预期

3.2 综合旅游企业对本企业经营状况预期

从综合旅游企业对本企业今年全年的经营状况预期来看，有八成的受访企业对今年全年的盈利状况持乐观态度，认为增加的比例为86.7%，认为盈利状况持平的企业占10%，认为会有较大增加的企业占到3.3%，没有企业表示会出现下降。而综合旅游企业对本企业二季度的经营状况预期与对今年经营状况的预期结构一致，持平、增加与较大增加比例依次为10%、86.7%及3.3%。

总体来讲，综合旅游企业对今年和未来企业的经营状况预期均持乐观态度，预计经营状况得到改善和增加的可能性很大。

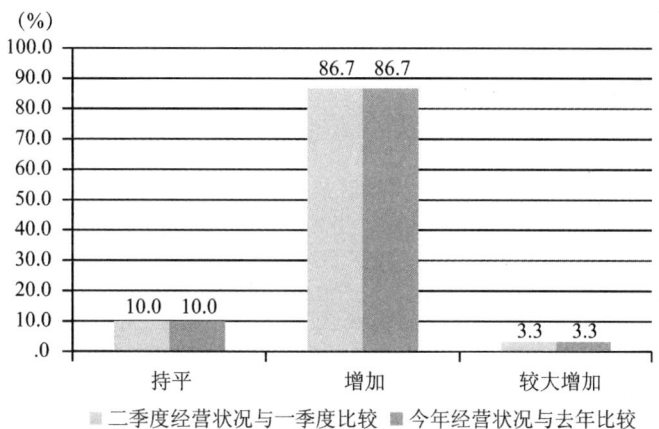

图11 综合旅游企业对本企业发展形势的预期

4 一季度旅游集团发展态势

4.1 央企旅游集团打造复合业态旅游运营商，加大旅游这一主营业务板块的投资和内部激励机制改革步伐

中国国旅（601888.SH）3月9日公告称，拟变更五个募投项目的部分或全部募集资金用途，并以全部超募资金和利息收入共计14亿元，用于增资三家旅行社和建设三亚海棠湾国际购物中心。

中青旅股东法国爱德蒙得洛希尔银行减持事项。该股东在1月31日和2月1日通过另一名QFII的投资配额以参与凭证的形式分别卖出25.1万股和40.6万股，分别占公司总股本的0.06%和0.10%。由此，截至2012年2月2日，其持股比例由减持前的5.003%降至4.905%。而同时中青旅在乌镇景区保持较快增长、古北水镇异地复制稳步推进。

4.2 地方国有旅游集团资本置换，解决同业竞争问题

以首旅集团为代表的地方国有集团通过资本置换，解决同业竞争问题，进一步明确产业定位，经营管理层面采取战略举措向专业化经营迈进。地方旅游集团为稳固行业地位，加快资本、业务整合，各大龙头企业以加盟、兼并收购等形式扩张有利于快速抢占市场份额，有利于行业集中度的进一步提升。

中国证券网3月1日消息：为更好地解决公司与控股股东首旅集团之间的同业竞争问题，加快推进首旅股份与首旅集团下属酒店类业务的整合工作，首旅股份置入首旅集团持有的北京首旅建国酒店管理有限公司75%股权、首酒集团持有的北京首旅酒店管理有限公司100%股权和北京欣燕都酒店连锁有限公司86.6%股权、旅店公司持有的欣燕都13.4%的股权，并置出下属北京首都旅游股份有限公司北京市北展展览分公司的全部资产及负债给首旅集团。

2012年3月9日，北京首都旅游股份有限公司第四届董事会第二十三次会议召开，提出《关于公司与控股股东首旅集团进行资产重组重大关联交易提案》，拟置出北京首都旅游股份有限公司北京市北展展览分公司，拟置入北京首旅建国酒店管理有限公司、北京首旅酒店管理有限公司、北京欣燕都酒店连锁有限公司。四家公司评估值已获得北京市人民政府国有资产监督管理委员会的核准批复。

2012年1月份，锦江新开直营酒店1家，加盟酒店14家。

4.3 航空集团积极寻求新的发展空间

在欧美经济低迷和国内经济放缓的形势下，航空旅游集团必须通过市场创新、资本结构调整、政策扶持等渠道寻求发展空间，客观上推动了航空集团与旅游产业的进一步融合发展，谋求向现代服务运营商的成功转型。

环球旅讯3月1日消息：近日，海航集团通过收购而组建的香港航空积极筹备在香港上市。香港航空总裁表示，目前上市条件已经具备，在港上市计划有望年内完成。此次香港航空上市，融资规模预计2亿到3亿美元，所融资金将主要用于购买飞机等。香港航空赴港上市提速，不仅是海航加大境外拓展的一个缩影，同时也是海航集团"先大后强"、拓展产业链经营模式战略的体现。在欧美经济持续低迷、中国经济走低风险压力不减的今天，这种"先大后强、以大带强"的发展模式再次引来众多的质疑和思考。

4.4 创新价值链成为在线旅游服务商竞争的新焦点

在线旅游市场竞争加剧,利润摊薄,线上企业更注重通过市场细分战略,提升市场占有率和整体市场利润率。创新价值链管理模式依然是国内在线旅游企业有待突破的关键问题。

环球旅讯 3 月 12 日消息:携程 3 月 12 日在上海举行新闻发布会,宣布正式成立高端旅游品牌"鸿鹄逸游",主攻中国富豪旅游市场。携程"鸿鹄逸游"是携程旅行网、永安旅游、易游网首度合创旅游品牌。"鸿鹄逸游"将主要面向大陆市场的顶级旅游客户,主要瞄准身价千万资产的富裕阶层。鸿鹄逸游提供全包式的高质量服务规划,提供高端旅游行程与各项量身定制的旅游服务。

2012年第二季度综合旅游企业经济运行报告

1 总体判断

2012年第二季度我国旅游经济运行继续保持良好的发展态势，持乐观预期的综合旅游企业比重较2012年第一季度有所上升。总体表现在以下几个方面：

➢ 综合旅游企业企业家信心指数有所增长。多数受访企业对第二季度旅游行业总体发展形势持乐观态度。对全年我国旅游业的发展预期基本持乐观态度。

➢ 在企业经营状况方面，极少数企业认为二季度会出现下降，而在企业绩效指标上收入与成本指标以增长为主，价格与利润指标以持平为主。

➢ 从企业规模来看，三大类型企业的乐观预期略显谨慎。其中，大型企业对旅游行业总体预期和自身本季度的经营情况所持乐观态度比重最大，中型企业次之。

➢ 从企业类型来看，受访企业对二季度的整体预期继续看好，国企较股份制与民营企业更显乐观。

➢ 从区域发展来看，华东地区较其他两地区旅游热点更显突出，其次为华南。

➢ 在企业经营情况的九项指标中，营业收入、营业成本、员工工资、预订人数四项指标增幅最大，均以增加为主，其他各项指标以持平为主。

2 第二季度综合旅游企业景气分析

全国依旧有30家综合旅游企业参加了2012年第二季度的调研。这些综合旅游企业多数集中在华东地区并且为400人以上的大型企业。企业类型以国企与股份制为主。本次调研兼有4家有限责任公司与2家外资企业，企业样本类型比较全面。

表1 二季度受访企业规模、地区与类型比重分布

企业规模			企业所在地区			企业类型				
小型	中型	大型	华东	华中	华南	国企	民营	股份制	外企	有限责任公司
3.3%	20%	76.7%	63.3%	20%	16.7%	63.3%	16.7%	20%	6.7%	13.3%

2.1 综合旅游企业对中国旅游业发展的判断及预期

2.1.1 对第二季度中国旅游业发展的总体预期

总体来说，多数受访企业对本季度旅游行业总体发展形势持一般和乐观态度，与2012年一季度发展预期相比，持乐观态度的企业比重由56.7%降至43.3%，下降了13.4%，持一般态度的企业比重为46.7%，还有10%的企业对本季度表示不乐观。本季度没有企业表示非常乐观，整体表现不如一季度预期好。

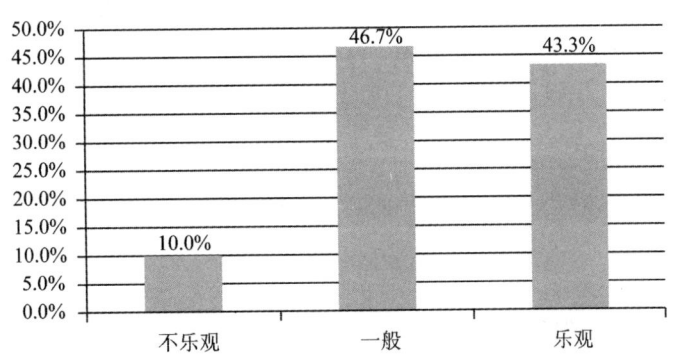

图1 综合旅游企业对2012年第二季度旅游行业总体发展形势预期

2.1.2 不同规模、地区、类型企业对旅游业发展的预期

从企业规模看，本季度大、中、小型企业对旅游业发展预期与上季度差异较大，整体预期较上季度明显谨慎。大型企业整体乐观程度略高于中小型企业。大型企业中，有47.8%的企业对本季度的发展预期持乐观态度，较上季度下降近10个百分点。43.5%持一般态度，有8.7%企业表示不乐观。中型企业对本季度旅游行业总体发展形势的预期持乐观态度的比例与上季度一致，为

33.33%,而持一般态度的比例由16.7%上升为50%,不乐观比重为16.7%。本次受访企业中仅1家为小型企业,表示对二季度的旅游业发展预期持一般态度。大中小型企业没有持非常乐观态度者。

从企业所在地区来看,三大地区企业对本季度我国旅游业总体发展的预期较上季度整体上增幅明显。而按地域分布来看,本季度发展预期格局与一季度差异不大,华东地区的预期依旧不如华中与华南地区。华东地区企业持乐观、一般及不乐观态度的比重依次为42.1%、42.1%与15.8%。而华中与华南两地区没有企业持不乐观态度。华中地区持乐观态度企业比重虽较一季度下降了约20个百分点,但比重仍为三个地区中最高(50%),另50%则持一般态度;而华南地区表示乐观的企业比重为40%,回落到2011年四季度的水平,剩余60%表示一般。本季度三大地区没有企业表示非常乐观,以一般态度为主,整体乐观程度不如一季度。

从企业类型来看,股份制、民营以及国企三大类型企业本季度乐观预期较一季度谨慎,比较而言本季度以民营企业最为乐观,其次为国企。本季度,股份制企业持乐观态度的比重由66.7%降至16.7%,持一般态度的比重最大,为66.7%,还有16.7%持不乐观态度。国有企业中,持乐观态度比重为53.3%,与一季度一致,46.7%持一般态度,较上季度增长40%。60%民营企业持乐观态度,较上季度增长35%,20%持一般态度,比例下降5%,而有20%的企业持不乐观态度。本季度受访的四家有限责任公司50%持一般态度,50%持乐观态度。此外,本次受访的两家外资企业皆表示乐观,比例100%。

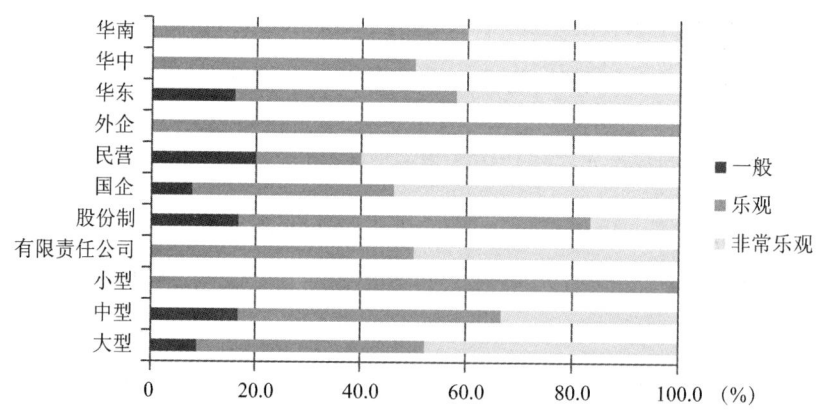

图2 二季度不同规模、类型与区域企业对所在行业发展的预期

2.2 综合旅游企业对本企业本季度经营情况预期

2.2.1 对2012年二季度本企业经营情况的总体预期

从二季度的调研结果来看，综合旅游企业对自身本季度经营情况预期的比重较上季度有所回落。认为本季度经营状况会比一季度状况有所提升的企业比重回升，增幅约为23%（由一季度的33.3%升至56.7%），其中6.7%认为本季度经营状况会出现较大上升。此外，认为经营状况持平的企业比重由上季度的56.7%降至30%，而有13.3%的企业认为二季度会出现下降。总体上看，二季度受访企业对整体旅游发展预期较一季度明显乐观。

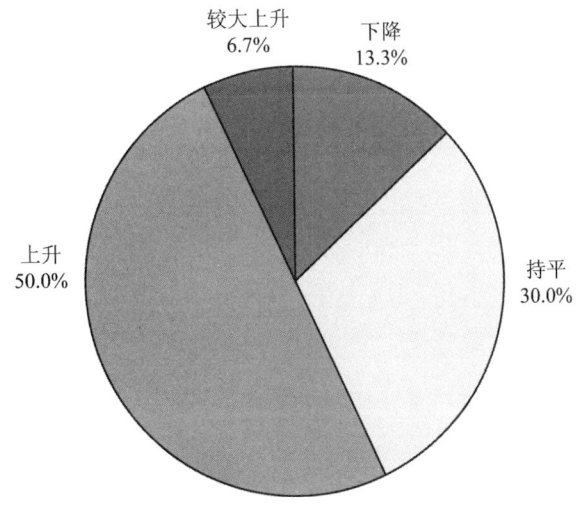

图3 2012年二季度综合旅游企业经营状况预期

2.2.2 不同规模、地区、类型企业对本企业经营情况的预期

从企业规模看，本季度受访的30家旅游企业对自身经营状况的预期多数认为以上升为主。大、中、小型企业比较而言，仍以大型企业预期为佳，中型企业次之。在大型企业中，8.7%认为会出现较大上升，47.8%认为会上升，较上季度略有提高，但认为会持平的比例为30.4%，降幅近17%，认为下降的比例由9.5%上升至13%。而中型企业中，没有企业认为本季度经营状况会较大上升，认为持平的比例由83.3%降至33.3%，下降50个百分点，认为上升的比例由16.7%上升至50%。本次受访的一家小型企业认为会上升。

从企业所在地区看，三大地区企业对本季度经营情况的预期较一季度稍有上升。而其中华中地区的预期稍佳。具体来说，华南地区中，60%的企业认为会继续上升，较上季度提高近13%，剩余40%认为持平，整体预期与一季度相比上升明显。华东地区企业中，认为上升的企业比重为36.8%，变化不大，而认为会持平的比例由58.8%降至36.8%，认为下降的比例由5.9%上升至15.8%，还有10.5%的企业表示会有较大上升，整体预期略好于上季度。华中地区企业中，认为二季度经营情况将有所上升者从16.7%上升为83.3%，涨幅近67%，认为持平者由50%下降至16.7%，整体预期明显好于一季度。华中地区没有企业认为本季度经营会出现较大上升。

从企业类型看，股份制企业、国企以及民营企业对二季度自身经营情况预期中，以国企最为看好，其次为股份制与民营企业。其中，二季度民营企业预期较一季度略有下降，认为持平、上升的比例各占40%，还有20%认为本季度会出现下降，与一季度的没有企业认为会出现下降相比，增幅比较明显，不如上季度看好。在国有企业中，认为会上升的企业比重从一季度的40%上升至53.8%，认为持平的比重由46.7%降至30.8%，剩下15.4%认为会有较大上升，没有国企认为本季度经营状况会出现下降，整体预期较一季度更为看好。股份制企业中，一方面认为会上升的比例由22.2%上涨至66.7%，增幅约达44%；另一方面还有33.3%的股份制企业认为会出现下降。此外，本次受访的4家有限责任公司中有两家持上升态度，一家认为会持平，还有一家认为会下降；而两家外资企业皆持持平态度，比例100%。

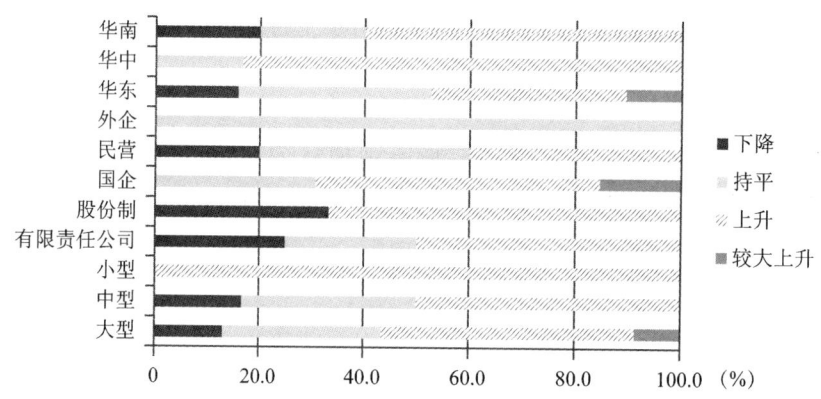

图4 二季度不同规模、地区、类型企业对本企业经营情况的预期

2.3 具体经营指标分析

2.3.1 企业具体经营指标分析

2012年第二季度,与综合旅游企业具体经营情况相关的十项指标总体运行较一季度以持平与增加为主。其中,接待人数、员工工资以及营业成本三项指标的增加比例在60%及以上。

具体来说,从就业情况的两个指标从业人员数和员工工资情况看,与一季度两项指标都以增加为主不同,本季度企业认为从业人员数持平为主,占比50%,其次有43.3%的企业认为会增加,6.7%认为会减少;而员工工资以增加为主,占比66.7%,还有3.3%认为会有较大增加,30%认为会持平。总体上说,有关就业的这两项指标与一季度差别较大,其中又以从业人员指标的变化最为明显,认为增加的比例明显下降,而员工工资指标中认为增加及较大增加的比例下降没那么明显。

从企业绩效的四个指标营业收入、营业成本、产品价格和利润水平的情况看,在产品价格方面,认为产品价格会增加的企业比重仍为43.3%,而46.7%的受访企业认为会维持不变,另有10%认为产品价格会下降,整体预期较一季度更为平稳。在营业收入方面,认为会有所增加的企业由上季度的46.7%略增至56.7%,而36.7%认为会出现持平,3.3%认为会减少,3.3%认为会有较大增加,整体预期略好于一季度。而在利润水平指标上,认为会增加的企业比重有所下降,由上季度的46.7%降至23.3%,认为持平的企业占比为56.7%,还有20%认为会出现减少,较上季度预期明显平稳。在营业成本方面,认为会有所增加的比重较上季度的16.6%上升至70%,增幅近54%,认为会出现持平的比重由50%降至16.7%,10%认为会出现减少,3.3%的企业认为营业成本会出现较大增加,整体预期认为本季度营业成本会大幅增加。这些数据表明了企业对2012年二季度绩效情况依然比较看好,但整体增长比率不如一季度。

从企业规模的三项指标预订人数、接待人数、固定资产投资情况看,预期良好的受访企业比例有所回升。在预订人数方面,表示会增加的企业从36.7%上升至50%,增幅明显。而表示持平的企业从60%降至33.3%,有13.3%企业认为会下降,3.3%企业认为预订会出现较大的增长。在接待人数方面,认为会增加的企业从43.3%回升至60%,持平比重由53.3%降至26.7%,表示会减少的企业比重为13.3%,增幅10%。这些数据表明,本季度企业客流量会有小幅增加，但旅游产品价格增幅不会太明显。而从固定资产投资这一指标来看，本季度仅43.4%的企业认为会增加固定资产投入，认为会持平的由23.3%上升至46.7%，有6.7%认为会减少，3.3%认为会有较大增加。与一季度相比，这一比例结构表明二季度的固定资产将不会有太大投入。

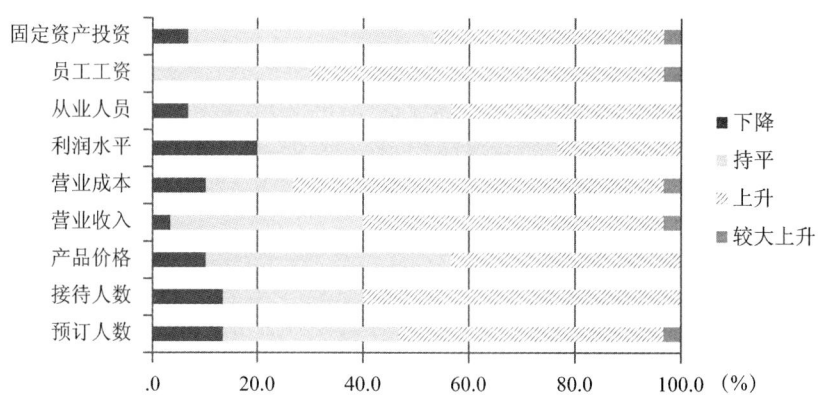

图5　2012年二季度与一季度相比综合旅游企业经营指标变动情况

2.3.2 不同规模、地区、类型企业具体经营指标分析

从企业规模看，大中小型企业经营状况预期从总体上来说比上季度有一定程度的变化。其中，以中型企业经营状况预期表现为佳。在反映企业规模变化的固定资产投入、预订人数与接待人数三大指标中，大型企业的固定资产投入以持平为主，预订人数和接待人数以增加为主；对于反映企业绩效的产品价格、营业收入、营业成本以及利润水平四个指标，在大型企业中，产品价格和利润水平以持平为主，营业收入和营业成本以增加为主。小型企业，在反映规模变化的固定资产投入、预订人数和接待人数几个指标上均认为持平；但小型企业在反映企业绩效的产品价格、营业收入、营业成本，以及利润水平四个指标上以持平态度者居多。此外，本季度半数中型企业表示固定资产投入会增加，而整体上中型企业的接待人数与预订人数以持平为主；产品价格、营业成本、利润水平都以持平为主，营业收入以增加为主。

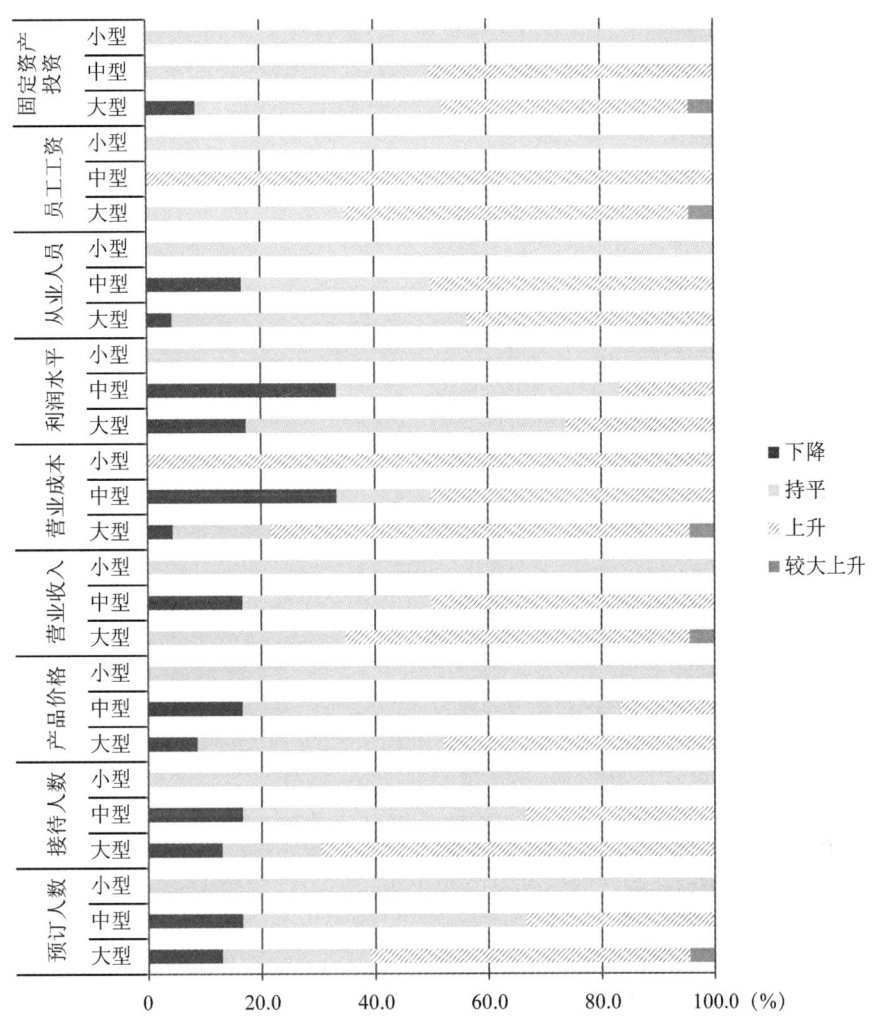

图6 不同规模的综合旅游企业同比经营指标变动情况

从不同地区的综合旅游企业来看，三大地区的企业各项指标以增加为主。而相对而言，仍以华东地区企业的指标表现最佳。具体来说，在反映企业规模的固定资产投入、预订人数以及接待人数三个指标中，华东地区企业的固定资产投入增幅略大于华南、华中地区，而预订人数与接待人数涨幅略高于华南、华中；在其他反映就业情况与企业绩效的六个指标中，营业收入、营业成本、员工工资皆以增长为主，产品价格、利润水平以持平为主，且营业收入和营业成本绩效指标增幅较华南华中地区大。华南地区各项指标在三地区中基本居中，企业的绩效指标中产品价格和营业成本以增加为主，利润水平和营业收入以持平为主；预订人数和接待人数均以增加为主。华中地区在本季度的预期依旧不如华南与华东两区，除预订人数、接待人数和员工工资三项指标以增长为主外，其余六项指标皆以持平为主。

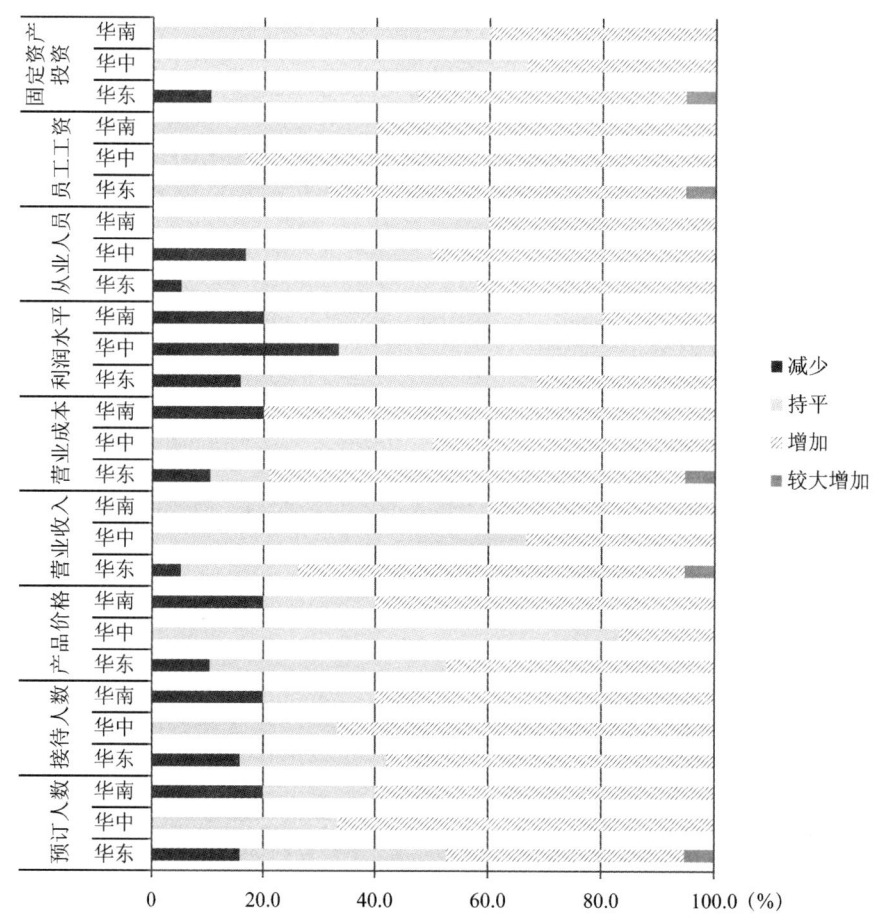

图7 不同地区的综合旅游企业同比经营指标变动情况

从不同类型企业看，本季度以有限责任公司的预期表现为佳，所有指标皆以增加为主。外企的固定资产投资预期均为持平，产品价格和营业成本预期均为增加，其他指标均为持平和增加各一半；民营企业中，接待人数、营业收入、营业成本、员工工资和固定资产投资以增加为主，利润水平和从业人员以持平为主；国企的样本企业中除员工工资以增加为主外，其他指标均以持平为主；

股份制企业样本中，预订人数、接待人数、利润水平以持平为主，产品价格、营业收入、营业成本、从业人数、员工工资、固定资产投资以增加为主，尤其是员工工资的增幅明显。

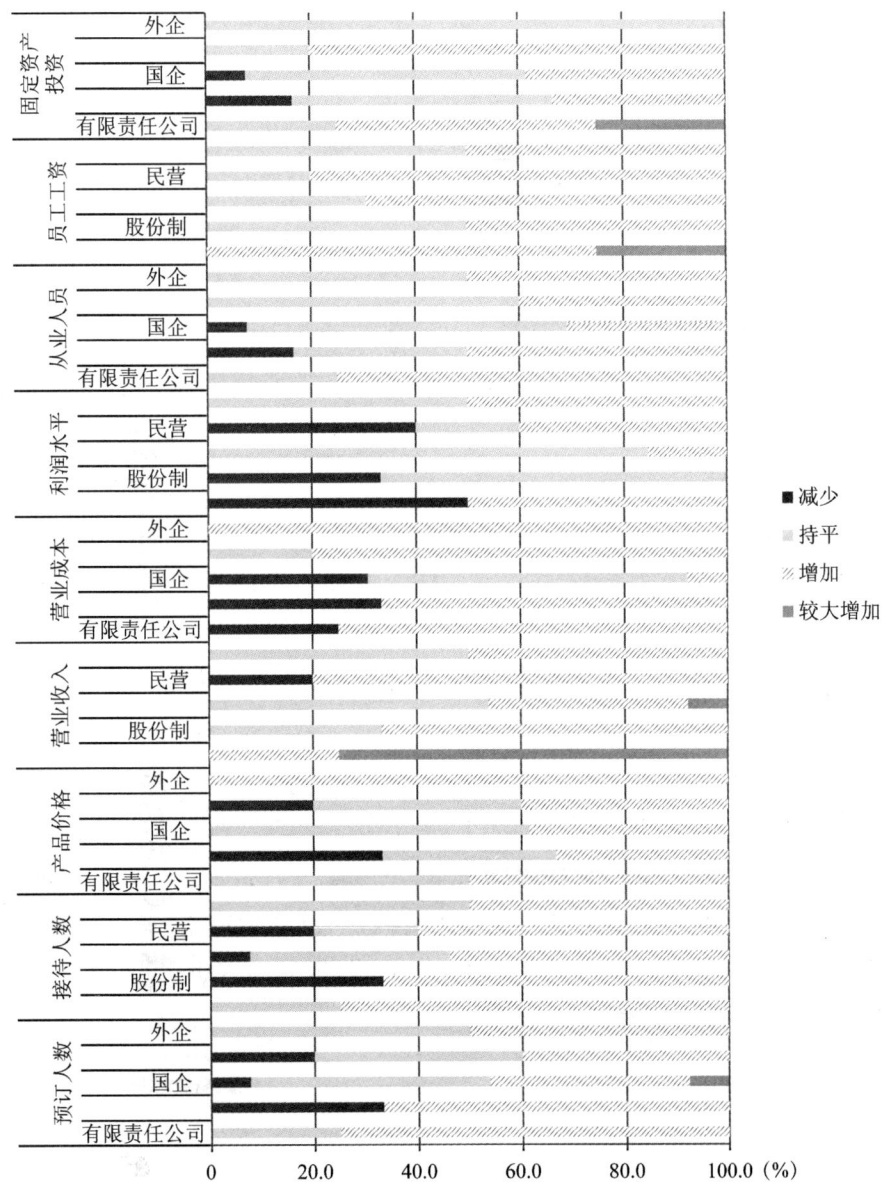

图 8　不同类型的综合旅游企业同比经营指标变动情况

2.4 旅游上市公司情况

2.4.1 二季度市场整体情况及三季度展望

截至2012年5月,沪深300指数报收2632.04点,涨幅为0.22%。餐饮旅游(申万)指数报收2645.68点,涨幅为2.49%。餐饮旅游(申万)指数跑赢沪深300指数2.27个百分点。本月在申万一级行业指数涨幅排行中,餐饮旅游涨幅居前。在申万餐饮旅游二级子行业涨幅排行中,酒店类(19.82%) > 餐饮类(2.58%) >旅行综合类(-2.89%) >景点类(-4.42%)。2012年5月份餐饮旅游行业位列申万23个一级子行业第9位。因酒店子行业与地产板块相关性较强,受此带动走势较为强劲;而传统绩优行业,例如景点及综合子行业下跌较多。

2012年国内旅游政策环境持续利好,旅游产业处于较为景气水平,同比略有下降。入境旅游的拓展压力持续加大,三大市场维持两高一平的增长格局。酒店:旅游业整体火爆带动酒店业迅猛发展。餐饮:继续保持稳定的增长。

2.4.2 估值分析

从估值来看2012年5月末餐饮旅游一级行业估值约为35.2倍,基本与月初持平。5月末全部A股的TTM市盈率约为13.29倍,餐饮旅游行业溢价率约为169.60%。2009—2012年行业市盈基本维持在32倍以上,现阶段处于近期市盈率底部。作为防御行业的餐饮旅游行业,近两年行业溢价率最低也不过为150%,餐饮旅游行业下探空间有限。

餐饮旅游业绩较去年同比稳定增长,行业估值水平也基本处于中低水平,部分绩优子行业,例如景点和旅游综合行业逐步显现投资价值。建议投资者关注中国国旅(免税政策放松)及桂林旅游(长期投资价值)。六月是择股布局好时机。推荐关注组合为:湘鄂情(002360)、峨眉山(000888)、中国国旅(601888)、宋城旅游(300144)。

2.5 第二季度综合旅游企业大事件一览表

2012 第二季度综合旅游企业大事件一览表

时间	事件概述
2012年4月	4月18日东方宾馆宣布终止重大资产重组进程，原因是发行股份购买资产所涉及的标的资产的评估结果尚未取得国资监管部门的核准或备案及开展向上级主管机关的报备工作。东方宾馆重组的终止意味着岭南集团等谋多年的上市计划出现卡壳。
	4月24日，锦江国际集团宣布旗下锦江国际电商平台所属"锦江旅行⁺家"、"锦江礼享⁺"、"锦江e卡通"正式全面上线发布。
	海航非公开发行19.1亿股A股的申请获证监会审核通过后，4月11日公司接到控股股东大新华航空有限公司、股东海航集团有限公司承诺，为解决未来可能存在或潜在的同业竞争问题，在未来3~5年内，陆续将各自旗下拥有的云南祥鹏航空、天津航空、西部航空、北京首都航空、香港航空等航空资源悉数注入上市公司。
2012年5月	2011年5月16日，腾讯子公司发行TCH Sapphire以支付US＄84389378对价向艺龙认购5038500高级普通股（一个高级普通股相当于10个普通股投票权）和6031500普通股，约16%的权益，代表15%的投票权。该认购价是基于交易日前20天ADS在纳斯达克市场交易平均收盘价的1/2（一个ADS等于2个普通股）。注资后，腾讯成为艺龙的第二大股东并有权提名董事会一名董事。
	由富达投资（Fidelity Ventures）领投，包括君联资本（原联想投资）、KTB、摩根凯瑞资本（Morgan Creek）、建信资本等在内的五家投资机构，近期向布丁酒店连锁联合投资5000多万美元。此外，布丁酒店连锁还获得杭州银行亿级人民币授信额度。据悉，布丁酒店此次"VC＋银行授信"双重募资，是酒店业本年度截至目前最大的一笔融资项目，也是该酒店创办4年多以来进行的第二次较大规模融资。
	截至2012年5月31日，港中旅酒店有限公司在中国内地分别与大同云冈、莱芜市农信社、凯里嘉瑞禾置业、南陵鑫九、伊金霍洛旗海达、商丘瑞华置业、三亚豪远酒店管理有限公司以及港鑫置业等公司机构成功签约八家维景品牌酒店，补充并完善了港中旅酒店在海南、山西、山东、广西、河南、贵州、安徽和内蒙古地区的网络布局，扩大了"维景"系列品牌的知名度与影响力。

续表

时间	事件概述
2012年6月	6月19日,德国凯宾斯基酒店与湖南顺天集团正式签约,入驻长沙顺天国际金融中心,5年内将有14家国际品牌酒店开业的长沙酒店业再增加一个跨国酒店集团。
	6月15日,中青旅国际会议展览有限公司宣布,与国内知名媒体《高尔夫度假》杂志共同投资建立中青旅联合体育旅游有限公司,并推出高尔夫旅游、赛事及公关活动服务品牌"C.U.GOLF"(中青旅联合高尔夫),双方将整合优势资源,创建中国体育旅游领域顶级服务品牌,同时也拉开了中青旅进军中国高端旅游市场的大幕。

3 第三季度综合旅游企业趋势预测

3.1 综合旅游企业对中国旅游业发展预期

3.1.1 对第三季度旅游行业总体发展形势的预期

从本季度的调研数据看,企业对2012年第三季度的预期与上季度对二季度的预期相比稍有上升。有60%的企业认为三季度会继续上升,该比例下降了近30%,而认为持平的比例为23.3%,剩余10%的企业认为三季度会下降。总体来讲,受访企业对三季度的发展预期较上季度对二季度的预期更显保守,但信心还不错。

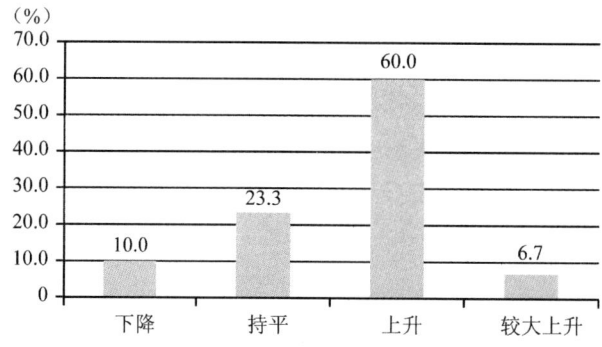

图9 综合旅游企业对第三季度旅游行业总体发展形势预期

3.1.2 对今年旅游行业总体发展形势的预期

本次受访企业对今年旅游行业总体发展预期趋好。近五成的旅游企业认为会上升，认为持平的企业比重为46.7%，仅6.7%的企业认为会出现下降。这表明企业对今年旅游行业发展情况依旧比较乐观，对中国旅游业未来发展看好。

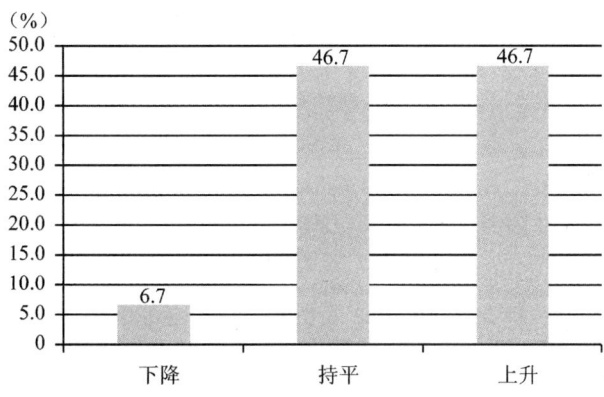

图10 综合旅游企业对今年旅游行业总体发展形势预期

3.2 综合旅游企业对本企业经营状况预期

从综合旅游企业对本企业今年全年的经营状况预期来看，认为增加的受访企业比例为50%，认为盈利状况持平的企业占33.3%，认为会较大增加的企业占到6.7%，没有企业表示会出现下降。而综合旅游企业对本企业三季度的经营状况预期与对今年经营状况与去年相比的预期稍有不同，持平、增加与较大增加比例依次为33.3%、50%及6.7%，还有10%认为会减少。

总体来讲，综合旅游企业对今年和未来企业的经营状况预期均持乐观态度，预计经营状况得到改善和增加的可能性较大。

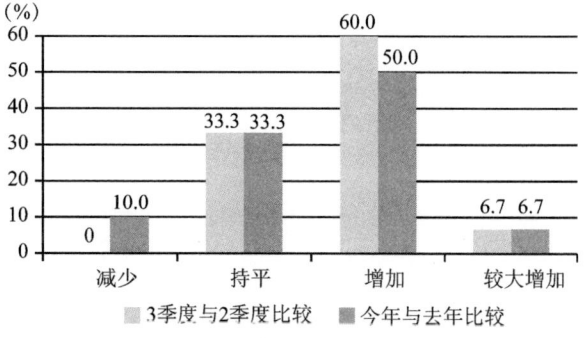

图11 综合旅游企业对本企业发展形势的预期

4 结论和建议

从2012年第二季度中国旅游研究院项目组调研的情况看，综合旅游企业的企业家信心指数与产业景气指数仍继续保持平稳增长的态势。企业家对第二季度的预期反映良好，对全年的行业整体状况持谨慎乐观态度。结合调研发现及国内外当前形势，项目组给出以下参考性建议。

4.1 政府层面

近期扶持旅游的利好政策不断出台，《国民旅游休闲纲要》将要颁布的消息将对我国旅游业产生重大的影响。七部委联合发布《关于金融支持旅游业加快发展的若干意见》，证监会公开表态支持餐饮行业上市融资、支持旅游文化的发展，《旅游休闲纲要》、《旅游法》、地方旅游政策等为旅游业的发展提供了强有力的政策支持。

4.2 企业层面

二季度旅游业进入传统的旅游旺季，市场基本面良好。综合优势明显的行业龙头、掌握优质景区资源的成长性企业、"旅游+X"的商业模式和受益于假日效应的相关企业发展潜力较大。譬如产业布局完整，整合优势明显的中青旅；旅游演艺龙头、异地复制可期的宋城股份；经济型酒店为主业的锦江股份和拥有优质景区资源、完整产业链条的丽江旅游等。

2012 年第三季度综合旅游企业经济运行报告

1 总体判断

2012 年第三季度我国旅游经济运行继续保持良好的发展态势，持乐观预期的综合旅游企业比重较 2012 年第二季度有明显上升。总体表现在以下几个方面：

➢ 综合旅游企业信心指数有所增长。多数受访企业对第三季度旅游行业总体发展形势持乐观态度。对全年我国旅游业的发展预期基本持乐观态度。

➢ 在企业经营状况方面，极少数企业认为三季度会出现下降，而在企业绩效指标上收入与成本以及价格指标以增长为主，利润指标以持平为主。

➢ 从企业规模来看，三大类型企业的乐观预期略显谨慎。其中，中型企业对旅游行业总体和自身本季度的经营情况预期所持乐观态度大于大型企业和小型企业。

➢ 从企业类型来看，受访企业对三季度的整体预期继续看好，外企、民营和股份制企业较国有企业更显乐观。

➢ 从区域发展来看，华东地区本季度超过华中和华南地区，表现突出，华南地区紧随其后；其次为华中地区。

➢ 在企业经营情况的九项指标中，预订人数、营业收入、营业成本和员工工资四项涨幅最大，以增加为主，其他指标以持平为主。

2 第三季度综合旅游企业景气分析

全国此次参加 2012 年第三季度调研的旅游综合企业为 30 家。这些旅游综合企业约有 2/3 分布于华东地区，并且以员工人数为 400 人以上的大型企业为主。企业类型主要为国企与股份制企业。本次调研兼有两家有限责任公司与两家外资企业，企业样本类型比较全面。

表1 三季度受访企业规模、地区与类型比重分布

企业规模			企业所在地区			企业类型				
小型	中型	大型	华东	华中	华南	国企	民营	股份制	外企	有限责任公司
3.3%	30%	66.7%	60%	16.7%	23.3%	46.6%	6.7%	33.3%	6.7%	6.7%

2.1 综合旅游企业对中国旅游业发展的判断及预期

2.1.1 对第三季度中国旅游业发展的总体预期

总体而言，多数受访企业对本季度旅游行业的总体发展持较为乐观的态度。与2012年第二季度发展预期相比，持乐观态度的企业比重由原来的43.3%上升至60%，比重增加16.7个百分点；持一般态度的企业比重由原来的46.7%下降到33.3%，比重减少了13.4个百分点。此外，仅有6.7%的企业对本季度总体发展表示不乐观，较上季度也减少了3.3%。本季度虽没有企业表示非常乐观，但整体预期好于上一季度。

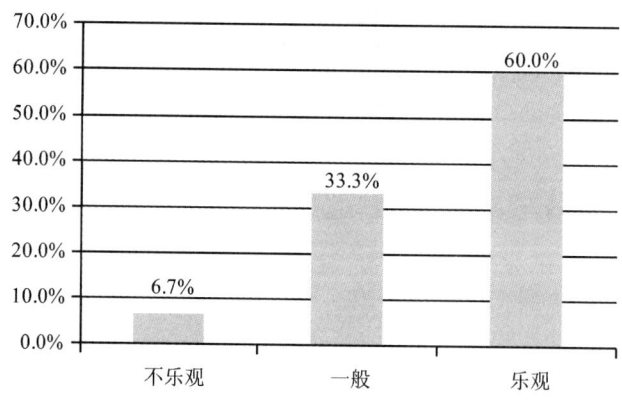

图1 综合旅游企业对2012年第三季度旅游行业总体发展形势预期

2.1.2 不同规模、地区、类型企业对旅游业发展的预期

从企业规模看，本季度大、中、小型企业对旅游业的发展预期与上一季度相比均有较大改善，持乐观态度的企业数量明显增加。其中，60%的大型企业对本季度的发展预期持乐观态度，与二季度相比上升了12.2%，有35%的大型企业持一般态度，其余5%的大型企业表示不乐观。中型企业对本季度旅游行

业总体发展预期也有所好转,持乐观态度的比例由上季度的33.3%上升到55.6%,而持一般态度的比例由50%下降到33.3%,持不乐观态度的比例为11.1%。本次受访的小企业仅有1家,且对发展预期持乐观态度。大、中、小型企业中没有持非常乐观态度者。

从企业所在地区来看,华东、华中和华南地区对本季度我国旅游业总体发展预期优于上一季度,即三地区预期连续两个季度出现上浮。而按照地域分布来看,华东地区的发展预期超过了华中地区,华南地区的预期态度仍保持在较高水平,处于首位。华东地区持乐观态度、一般态度和不乐观态度的企业分别占到61.1%、33.3%和5.6%。华中地区持乐观态度、一般态度和不乐观态度的企业分别占到40%、40%和20%。华中地区持乐观态度的企业比重较第二季度下降了10个百分点,连续两个季度呈现下降。华南地区表示乐观的企业比重为71.4%,较上一季度增加31.4%,该地区剩余28.6%的企业持一般态度,没有企业表示不乐观。本季度三大地区没有企业表示非常乐观,但整体乐观态度稳中有升。

从企业类型来看,股份制企业的乐观预期有所反弹,国企态度较为稳定,民营企业乐观预期小幅下降。本季度,股份制企业持乐观态度的比重由原来的16.7%回升至60%,持一般态度的股份制企业占30%,其余10%持不乐观态度。国有企业态度表现稳定,持乐观态度的比重为57%,与第二季度基本一致,36%的国有企业持一般态度,7%的国有企业表示不乐观。民营企业中没有持不乐观态度的企业,持乐观态度和一般态度的企业各占50%,而持乐观态度的企业较上季度减少10%。本次受访的两家外资企业对发展预期皆表示乐观。

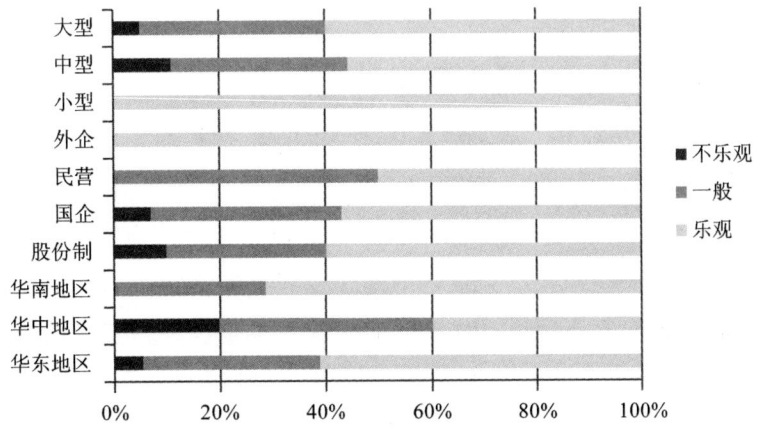

图2 三季度不同规模、区域与类型企业对所在行业发展的预期

2.2 综合旅游企业对本企业本季度经营情况预期

2.2.1 综合旅游企业2012年第三季度经营状况总体预期

第三季度的调研结果显示，综合旅游企业对自身本季度的经营状况预期明显好于上一季度。认为本季度经营状况会比第二季度有所提升和改善的企业占到总体的70%，较上一季度提升13.3个百分点，而认为本季度经营状况会出现较大幅度提升的企业占总体的6.7%，与第二季度相同。20%的旅游企业认为本季度经营状况将与上一季度持平，3.3%的旅游企业认为本季度经营状况将会出现下降。总的来说，三季度受访企业对经营状况的总体预期较为乐观。

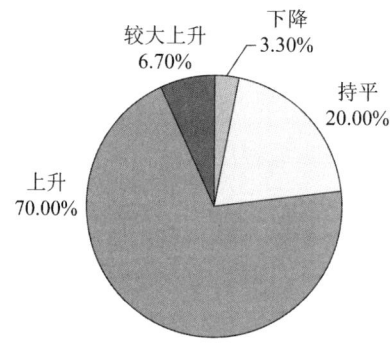

图3　2012年第三季度综合旅游企业经营状况预期

2.2.2 不同规模、地区、类型企业对本企业经营情况的预期

从企业规模来看，本季度受访的大、中型旅游企业对自身的经营状况预期以上升为主，小型企业的经营预期基本为持平。大型企业中有10%的企业认为本季度经营状况将有较大提升，65%的企业认为会出现上升，而上一季度预期上升的比例只有47.8%，本季度增加了17.2个百分点。认为本季度经营状况会持平的比例为20%，较上一季度减少10.4%，认为经营状况会下降的比例为5%，较上一季度也有所减少。中型企业中虽然没有企业认为本季度经营状况会有较大上升，但其中88.9%的企业认为本季度经营状况会上升，其余则认为本季度经营状况将持平。中型企业中没有企业认为本季度经营状况会下降。本次受访的一家小型企业对第三季度经营状况预期持持平态度。

从企业地区分布来看,三大地区企业对本季度经营状况的预期与第二季度略有不同。具体来说,上季度预期最好的华中地区本季度的预期有所下降,认为经营情况会出现上升的企业比重为60%,较上季度下降23.3%,而认为持平和下降的企业各占20%。华南地区企业中,71.4%的企业预期为上升,较上一季度增加11.4个百分点,剩余28.6%的企业认为将持平,整体预期优于第二季度。华东地区第三季度预期明显高于其他地区且好于第二季度。华东地区企业中,预期上升的企业占比72.2%,比上季度增加了35.4%,预期持平的企业占比16.7%,比上季度减少了20.1%。华东企业中预期经营状况会有较大提升的企业占到11.1%,没有企业预期经营状况会下降。

从企业类型来看,股份制企业、民营企业以及国企对第三季度的经营情况普遍看好。股份制企业本季度认为会有较大提升的企业占10%,持上升态度的企业达80%,比上一季度增长了13.3%,此外预期经营状况会有所下降的企业比例为10%。参与调查的两家民营企业全部对本季度经营预期持上升态度。在国有企业中,7%的企业认为第三季度经营状况会有较大提升,57%的企业认为会上升,其余36%的企业则认为持平,没有企业认为本季度经营状况会出现下降。此外,本次受访的两家外资企业皆持上升态度。

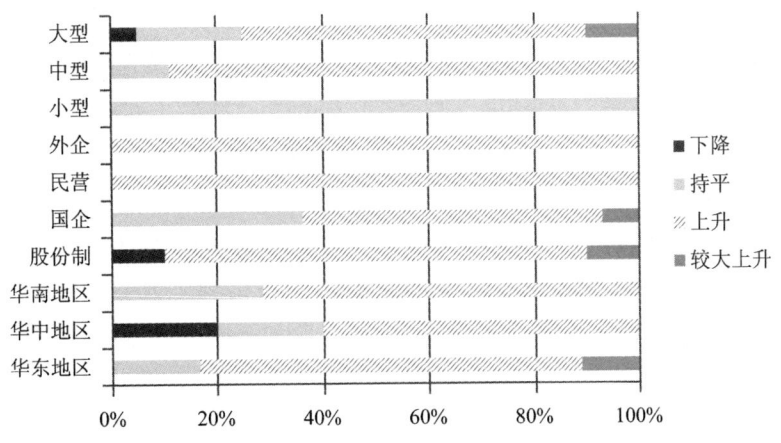

图4 三季度不同规模、地区、类型企业对本企业经营情况的预期

2.3 具体经营指标分析

2012年第三季度,与综合旅游企业具体经营情况相关的十项指标的运行与第二季度相比,以持平和增加为主。其中,员工工资、营业成本以及营业收入三项指标的增加比例均在60%以上。

2.3.1 企业具体经营指标分析

具体地说,就业情况的两个指标从业人员数和员工工资看,本季度多数企业认为从业人员人数将持平,员工工资会有所增加。第三季度有33.3%的企业认为从业人员人数将上升,60%的企业认为从业人员人数将持平,6.67%的企业认为人数将减少。而员工工资以增加为主,83.3%的企业持增加态度,较上一季度提高16.6个百分点,还有16.7%的企业认为工资水平将持平。

从企业绩效的四个指标,营业收入、营业成本、产品价格和利润水平来看,预期营业成本和营业收入将会增加的企业占到较大比重,其次为产品价格和利润水平。在营业成本方面,预期会有所增加的比重由上季度的70%上升至80%,其余企业则认为成本将与上季度持平。在营业收入方面,认为会有较大增长的企业占总体的3.3%,认为会有所增加的企业占66.7%,较上季度增长了10个百分点,而16.7%的企业认为营业收入将持平,还有13.3%的企业持减少态度。在产品价格方面,持增加态度的企业达到53.3%,而46.7%的受访企业则认为价格会维持不变。在利润水平方面,认为利润会出现较大增长的企业所占比重为3.3%,持利润会增加态度的企业占比33.3%,比上一季度高出10个百分点,认为持平的企业占比53.3%,还有10%的企业认为利润将出现减少。由此可见,企业对2012年第三季度的绩效普遍看好,各项指标稳中有升。

从企业规模的三项指标预订人数、接待人数、固定资产投资情况看,预期良好的受访企业比例继续上升。在预订人数方面,表示预订人数会有较大增幅的企业占6.7%,表示会有增幅的企业占60%,均较上一季度有所增加。认为会持平的企业和认为预订人数会下降的企业均占总体的16.7%。在接待人数方面,3.3%的企业认为会出现较大增长,53.3%的企业认为接待人数将增加,持持平态度的企业比重由26.7%降至23.3%,持减少态度的企业比重由13.3%增至20%,表明企业对旅游接待人数持谨慎、乐观态度。数据表明,本季度旅游企业的客流量趋于上升,但旅游企业的预期相对保守。在固定资产投资方面，本季度的固定资产投资明显加大了力度，33.3%的企业认为固定资产投资将有较大增长，63.3%的企业认为固定资产投资将会增长，这一比例高出上一季度19.9个百分点，其余企业则认为本季度固定资产投资将持平。通过与第二季度相比，可以发现企业将加强自身在固定资产方面的投入。

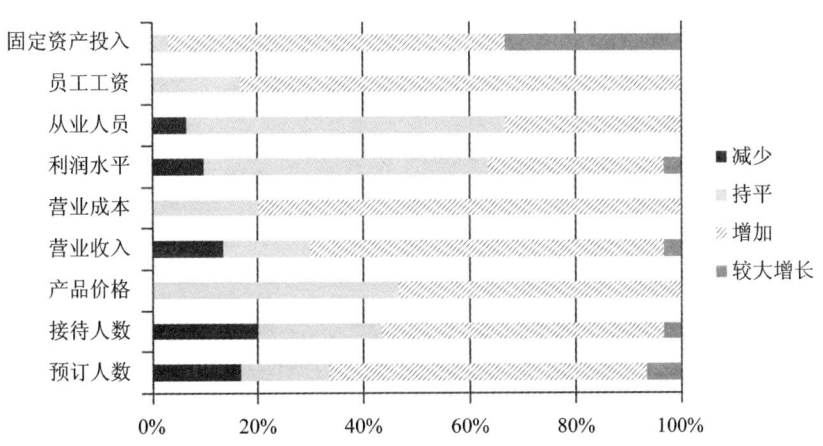

图5　2012年三季度与二季度相比综合旅游企业经营指标变动情况

2.3.2 不同规模、地区、类型企业具体经营指标分析

从企业规模看，大、中、小型企业经营状况较上一季度有所变化，中型企业依然表现最佳，大型企业和小型企业次之。在反映企业规模变化的固定资产投入、预订人数与接待人数三项指标中，大、中型企业的固定资产投入以持平为主，预订人数和接待人数以增加为主；小型企业的固定资产投入为持平，预订人数和接待人数为减少。在反映企业绩效的产品价格、营业收入、营业成本以及利润水平四个指标中，大型企业认为产品价格增加或持平的比例各占50%，营业收入和营业成本以增加为主，利润水平以持平为主。中型企业在产品价格、营业收入、营业成本，以及利润水平四个方面均以增加为主。小型企业在产品价格和利润水平两方面以持平为主，营业收入和营业成本以下降为主。

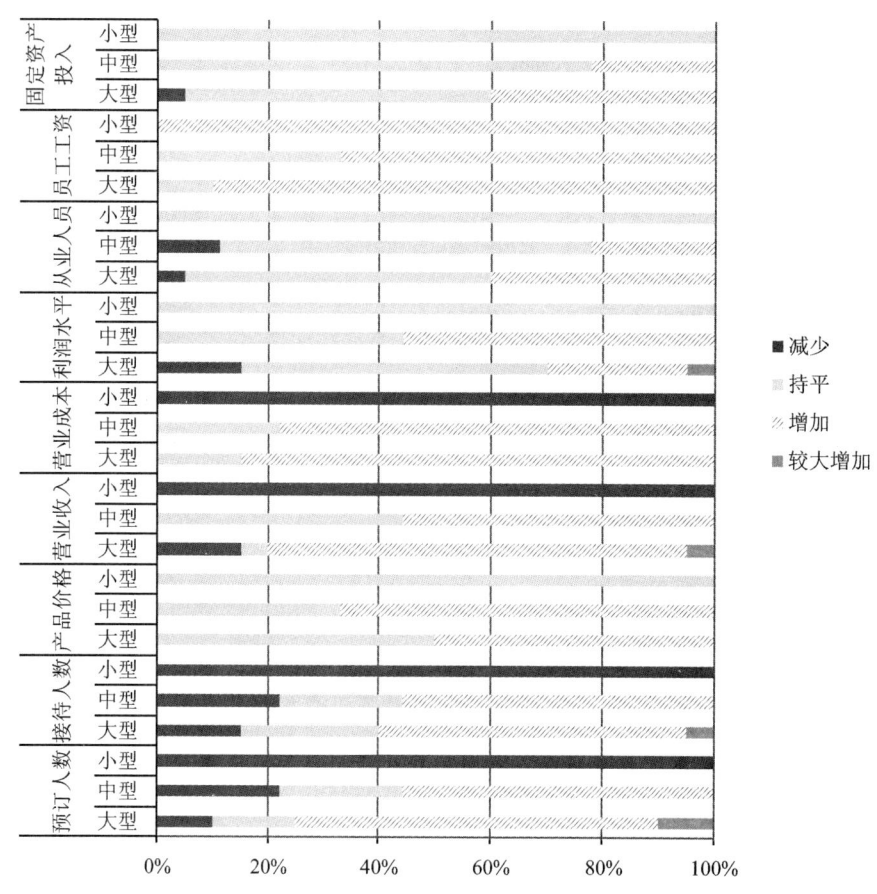

图6　不同规模的综合旅游企业同比经营指标变动情况

从不同地区的综合旅游企业来看，三大地区企业的各项指标以增加和持平为主，相对而言，华东地区企业的指标依然表现最佳。具体来说，在反映企业规模的固定资产投入、预订人数以及接待人数这三个指标中，华东地区企业在预订人数与接待人数两方面涨幅超过华南和华中地区；而在固定资产投入方面稍低于华中，位列第二。值得一提的是，华中地区在预订人数与接待人数两项指标上均为六成表示增加，四成表示减少，表明了该区域企业的谨慎、乐观态度，而华南地区则以增加为主。在其他反映就业情况与企业绩效的六个指标中，员工工资、营业成本和营业收入三项各地区皆以增加为主，且营业成本和营业收入两项华东地区与华中、华南相比增幅较大。在产品价格和从业人员数量方面，华东地区以持平为主，华南、华中以增加为主。而利润水平方面，华东地区认为增加和持平的企业各占五成,没有企业认为利润会减少;华中地区企业认为利润会减少的则占大多数;华南地区企业以持平为主。本季度华南地区各项指标在三地区中基本居中,华中地区的预期依旧不如华东和华南。

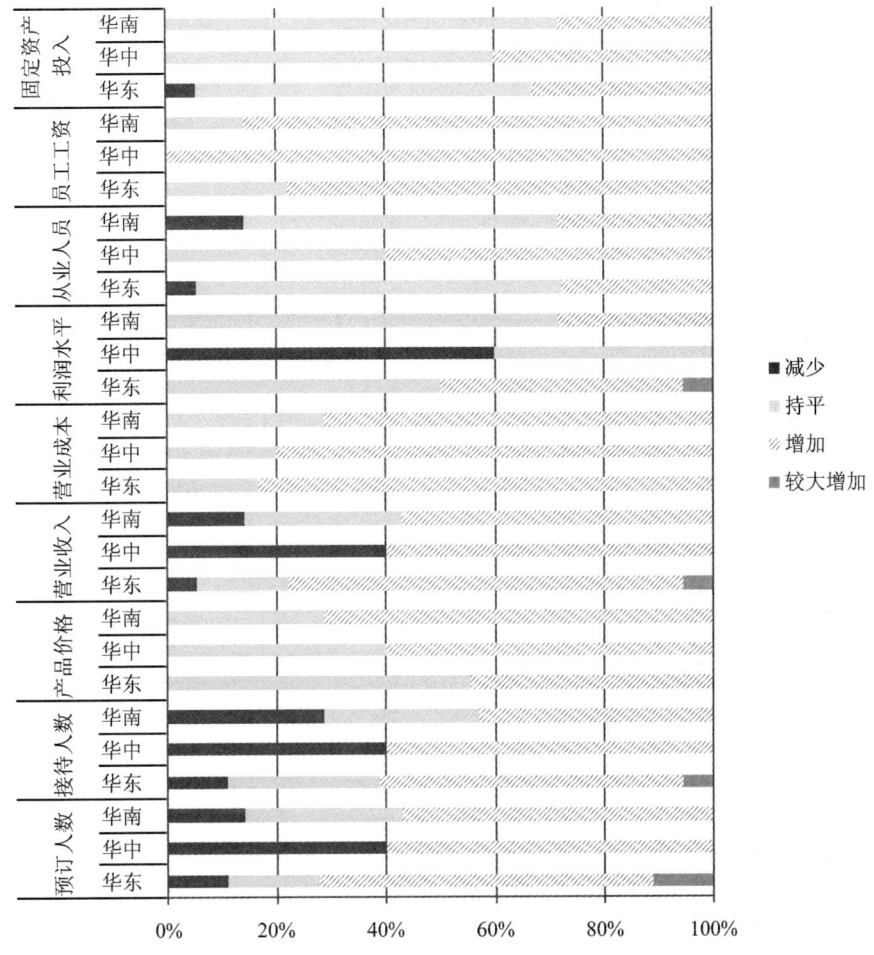

图7 不同地区的综合旅游企业同比经营指标变动情况

从不同类型企业看,本季度以外资企业预期表现最好,除从业人员人数一项指标为持平外,其他指标皆以增加为主。外资在预订人数和接待人数指标上认为出现较大增加的比例占到五成,其他指标没有出现预期减少的现象。民营企业本季度表现良好,在预订人数、产品价格、营业收入、营业成本、员工工资方面,所有民营企业均持增加态度,在接待人数、利润水平和固定资产投入方面为增加和持平各占五成,从业人员人数以持平为主。股份制企业本季度预期较为看好,除从业人员人数和固定资产投入两项以持平为主外,其他指标均以增加为主。国有企业在预订人数、接待人数、营业收入、营业成本和员工工资方面以增加为主,其他指标以持平为主。

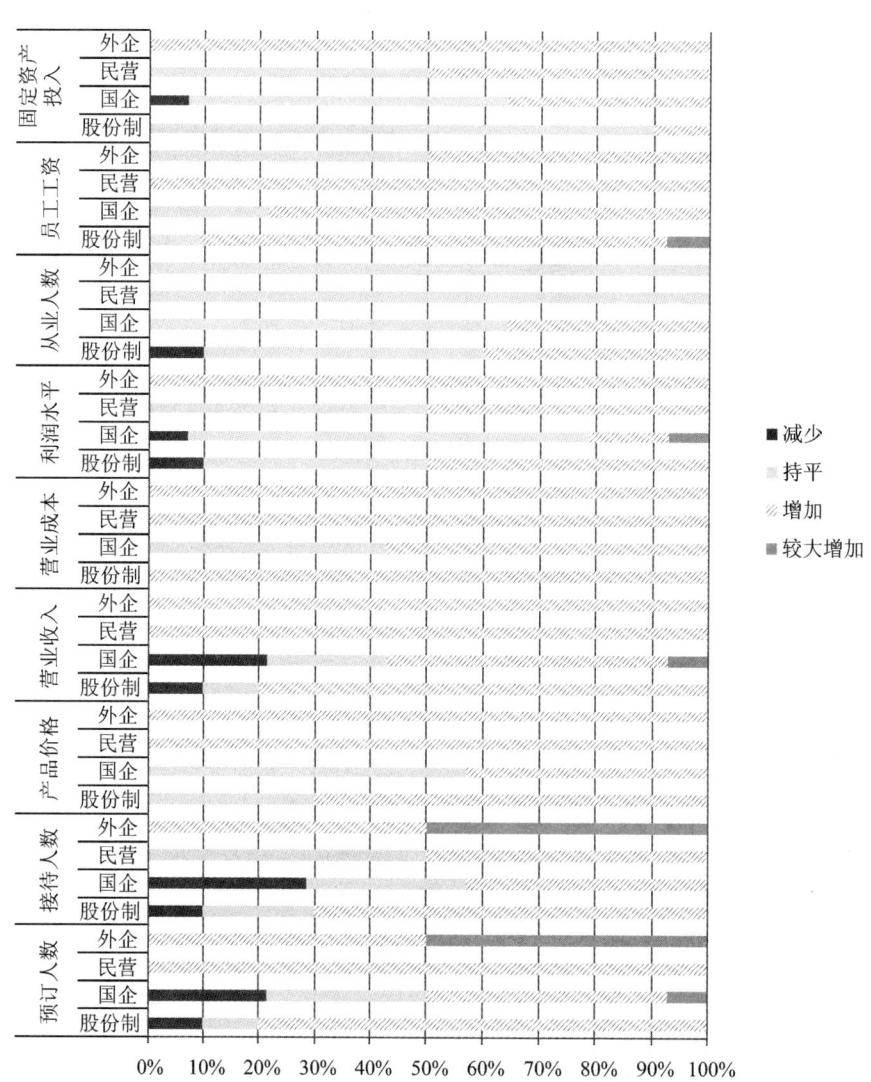

图8 不同类型的综合旅游企业同比经营指标变动情况

3 第四季度综合旅游企业趋势预测

3.1 综合旅游企业对中国旅游业发展预期

3.1.1 对四季度旅游行业总体发展形势的预期

根据本季度的调研数据，企业对2012年第四季度的发展预期比二季度对第三季度的预期略有下降。46.7%的企业认为第四季度会继续呈上升趋势，这一比例较上个季度下降13.3%，认为持平的企业上升到40%，上升了16.7%，其余13.3%的企业认为第四季度走势呈下降趋势。总体来说，受访企业对第四季度的预期延续了前两个季度的保守态度而有所降低，但预期下降的企业仅占一成，说明大多数企业对第四季度的发展仍持有信心。

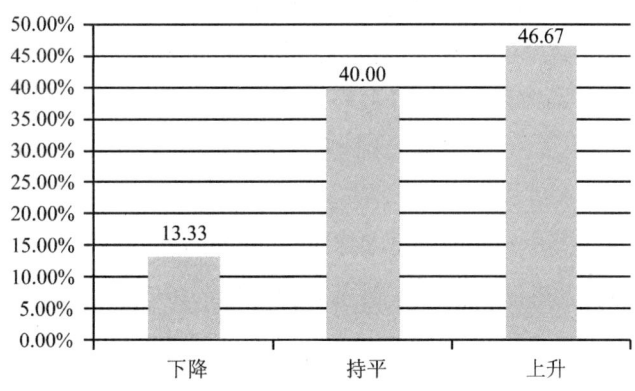

图9 综合旅游企业对第四季度旅游行业总体发展形势预期

3.1.2 对今年旅游行业总体发展形势的预期

本次受访旅游企业对今年旅游行业总体发展形势预期趋好。60%的旅游企业预期今年旅游行业总体发展会出现上升或较大上升，33.3%的企业持持平态度，认为下降和较大下降的企业仅占总体的6.7%。与上一季度相比，持上升态度的企业增幅达13.3%，表明企业对今年旅游行业发展前景依然看好。

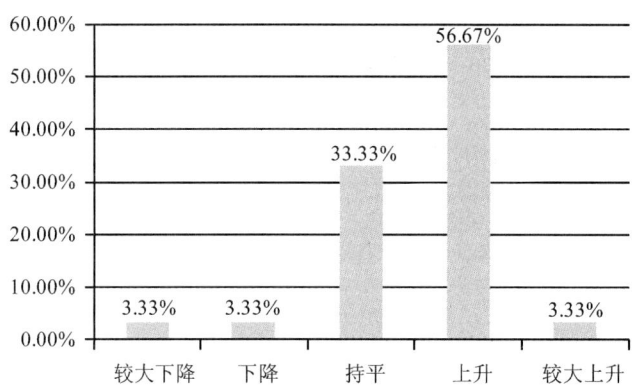

图10 综合旅游企业对今年旅游行业总体发展形势预期

3.2 综合旅游企业对本企业经营状况预期

从综合旅游企业对本企业第四季度和今年全年的经营状况预期来看,预期第四季度经营规模将出现增加和较大增加的企业占36.7%,预期持平的企业占30%,预期下降的企业占33.3%;而预期全年的经营规模将出现增加和较大增加的企业占46.7%,认为经营规模持平的企业占36.7%,有16.7%的企业持下降态度。虽然,企业对自身第四季度的经营预期较为保守,但通过其对全年经营状况的预期可以看出企业对自身当前和今后的发展持乐观态度。

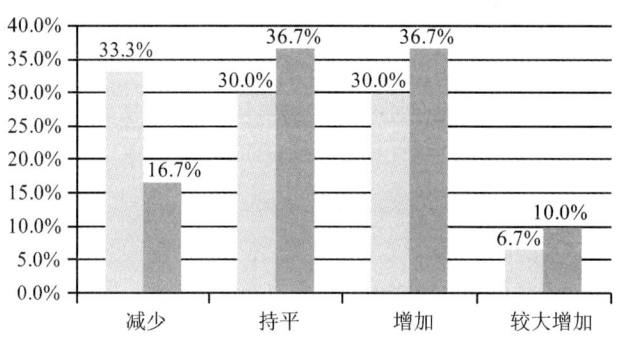

图11 综合旅游企业对本企业发展的预期

4 结论和建议

从 2012 年第三季度中国旅游研究院项目组调研的情况看,综合旅游企业的企业家信心指数与产业景气指数仍继续保持平稳增长的态势。企业家对第三季度的预期反映良好,对全年的行业整体状况持谨慎、乐观态度。结合调研及国内外当前形势,项目组给出以下参考性建议:①外资企业发展势头迅猛,本土企业应努力提高自身水平。②调整盈利模式,使利润水平随营业成本与营业收入递增,不可盲目增加投入。旅游企业的营业成本与营业收入普遍上涨,但企业的利润却保持在原有水平。政府和各方主体均保持高涨的投资热情,但应当注意投资方向和结构问题,由政府主导的大规模投资、追捧以房地产增值为导向的旅游综合体发展模式等值得关注。企业间的竞争主要集中在国民旅游市场,追求高端化,产品同质化加大。尽管许多景区门票提价步入"百元时代",但其他运营商价格竞争加剧,直接拖累和伤及了最有活力的在线旅游运营商。旅游企业需要增强创新能力,改变旅游产业服务落后和创新缓慢的局面。

2012 年第四季度综合旅游企业经济运行报告

1 总体判断

2012 年第四季度我国旅游经济运行继续保持良好的发展态势，持乐观预期的综合旅游企业比重较 2012 年第三季度有明显上升。总体表现在以下几个方面：

➢ 综合旅游企业信心指数显著增长，绝大多数受访企业对第四季度旅游行业总体发展形势持乐观态度，对我国旅游行业全年的发展较为看好。

➢ 在企业经营状况方面，七成企业预期经营将出现上升，企业绩效指标中营业成本、营业收入和固定资产投入均呈现上升。

➢ 从企业规模来看，大、中、小型企业均对经营状况表现出不同程度的乐观。其中中、小型企业对自身本季度经营状况的乐观预期高于大型企业。

➢ 从企业类型来看，受访企业对四季度的整体预期普遍看好，股份制企业、外资企业和国有企业对自身本季度经营状况的预期较民营企业更为乐观。

➢ 从区域发展来看，华东地区本季度企业各项经营指标情况优于华南和华中，继续保持领先优势。

➢ 在企业经营情况的九项指标中，员工工资、固定资产投入、营业成本及营业收入四项涨幅最大，预订人数出现下降，其余指标以持平为主。

2 第四季度综合旅游企业景气分析

全国此次参加 2012 年第四季度调研的旅游综合企业为 30 家。这些旅游综合企业中近 2/3 分布于华东地区,并且企业规模以员工人数在 400 人以上的大型企业为主。企业类型主要为国企和股份制企业。本次调研兼有 3 家民营企业和 2 家外资企业,企业样本类型比较全面。

表1 第四季度受访企业规模、地区与类型比重分布

企业规模			企业所在地区			企业类型			
小型	中型	大型	华东	华中	华南	国企	民营	股份制	外企
20.0%	13.3%	66.7%	63.3%	20.0%	16.7%	46.6%	10.0%	36.7%	6.7%

2.1 综合旅游企业对中国旅游业发展的判断及预期

2.1.1 对第四季度中国旅游业发展的总体预期

总体来看,受访企业对本季度旅游行业的总体发展情况持积极、乐观的态度。与 2012 年第三季度发展预期相比,持乐观态度的企业比重由原来的 60% 上升至 100%,比重增加了 40 个百分点;持一般态度的企业和持不乐观态度的企业比重都下降为零,较上一季度分别降低了 33.3% 和 6.7%。本季度虽没有企业表示非常乐观,但整体预期明显好于上一季度。

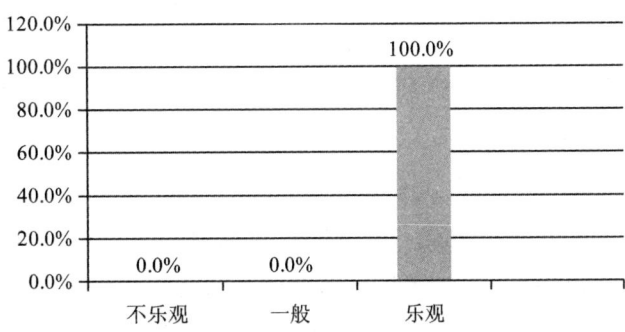

图1 综合旅游企业对 2012 年第四季度旅游行业总体发展形势预期

2.1.2 不同规模、地区、类型企业对旅游业发展的预期

从企业规模看,本季度大型及中型企业对旅游业的发展预期与上一季度相比有较大改善,持乐观态度的企业数量显著增加。其中,对本季度的行业发展持乐观态度的大型企业达到 100%,较第三季度上升了 40%,持一般态度和持

不乐观态度的大型企业数量均为零,较上一季度分别减少了35%和5%。中型企业对本季度旅游行业总体发展预期进一步好转,持乐观态度的比例上升了44.4%,也达到了100%,持一般态度和不乐观态度的比例分别下降33.3%和11.1%。本次受访的小型企业对本季度的行业发展预期均表示乐观,保持了上一季度的积极态度。大、中、小型企业中没有企业持非常乐观态度,表明各企业对第四季度旅游发展虽态度积极,但依然谨慎。

从企业所在地区来看,华东、华中和华南地区企业对本季度我国旅游业总体发展预期优于上一季度,连续三个季度预期呈现上升。从地域分布的角度看,华东地区持乐观态度的企业比重增长了38.9%,达到100%,持一般态度和不乐观态度的企业比重分别下降了33.3个百分点和5.6个百分点。华中地区持乐观态度的企业比重增加了60%,亦达到100%,持一般态度和不乐观态度的企业比重分别下降了40个百分点和20个百分点。华南地区持乐观态度的企业比重为100%,较上一季度增加了28.6%,持一般态度的企业减少了28.6个百分点。本季度三大地区没有企业表示非常乐观,但乐观态度稳中有升。

从企业类型来看,国有企业、股份制企业及民营企业对行业发展的预期均有所上升,外资企业对行业发展的预期保持稳定。本季度,股份制企业持乐观态度的比重进一步上升至100%,较上一季度增加了40%,持一般态度和不乐观态度的企业分别下降了30%和10%。国有企业持乐观态度的比重为100%,较上一季度增加了43%,持一般态度和不乐观态度的企业分别下降了36%和7%。民营企业持乐观态度的比重也增加至100%,较上一季度增加了50%,民营企业持一般态度的比重减少了50%,该类企业依然没有表示不乐观者。本次受访的两家外资企业对发展预期皆表示乐观。

2.2 综合旅游企业对本企业本季度经营情况预期

2.2.1 综合旅游企业2012年第四季度经营状况总体预期

第四季度的调查结果显示,综合旅游企业对自身经营状况预期略低于上一季度。认为本季度经营状况会比第三季度经营状况有所提升和改善的企业占总体的70%,与上一季度持平。没有企业认为经营状况将出现较大上升,与上季相比下降了6.7%。30%的旅游企业认为第四季度经营状况将与第三季度持平,较上季度同比增加10%。此外,没有企业认为本季度经营状况将出现下降。总体而言,第四季度受访企业对经营状况的预期较为乐观。

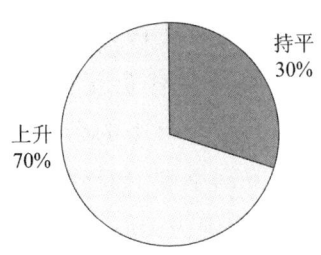

图 2　2012 年第四季度综合旅游企业经营状况预期

2.2.2　不同规模、地区、类型企业对本企业经营情况的预期

从企业规模来看，本季度受访的大、中、小型旅游企业对自身的经营状况预期均以上升为主。大型企业中有 65% 的企业认为本季度经营状况将出现上升，与上季度保持一致。认为本季度经营状况与之前持平的大型企业占比为 35%，较上季度增加 15%，没有企业认为本季度经营状况会下降或出现较大提升。中型企业对本季度的经营状况预期较上一季度略有下降。其中，75% 的企业认为本季度经营状况会出现上升，较上季度预期下降 13.9%。其余 25% 的中型企业的经营预期为持平，中型企业中仍没有预期下降或较大上升的企业。本次受访的小型企业对第四季度经营预期高于第三季度，83.3% 的小型企业预计企业经营情况将有所上升，16.7% 的小型企业预计经营状况将持平，而上一季度小型企业的经营状况预计均为持平。

从企业地区分布来看，三大地区企业对本季度经营状况的预期以华东最高，其次为华中和华南。具体看来，华东地区企业对本季度预期虽仍然较高但与上一季度相比有所下降。预期上升的企业所占比重为 73.7%，与上季度相比略有上升，预期持平的企业占比 26.3%，比上季度增加了 9.6 个百分点，预期较大增长的企业减少为零，下降了 11.1 个百分点。华中企业本季度经营预期较第三季度有所上升。其中，66.7% 的企业预计本季度经营状况将出现上升，较上季度增加 6.7 个百分点。33.3% 的企业预计本季度经营状况将持平，较上季度增加 13.3 个百分点，没有企业认为经营状况将会下降或较大上升。华南地区企业对本季度预期略低于上一季度。60% 的企业认为本季度经营状况会出现上升，较上一季度减少了 11.4 个百分点。40% 的企业认为本季度经营状况会持平，较上一季度增加了 11.4 个百分点。华南地区也没有企业认为经营状况会下降或较大上升。

从企业类型来看，股份制企业、外资企业对第四季度的经营状况较为看好，国有企业和民营企业预期较上季度有所下降。91% 的股份制企业对第四季度经营情况预期持上升态度,其余9%的企业认为持平。外资企业均对经营情况预期持上升态度,与上一季度一致。国有企业中57.1%的企业持上升态度,42.9%的企业认为会持平。其中,选择持平的企业比例较上一季度增长约7个百分点。本次受访的民营企业对第四季度的经营预期较为保守,持上升态度的企业为33.3%,而上一季度这一比例为100%。其余民营企业均持持平态度。没有企业认为本季度经营状况将出现下降或较大上升。

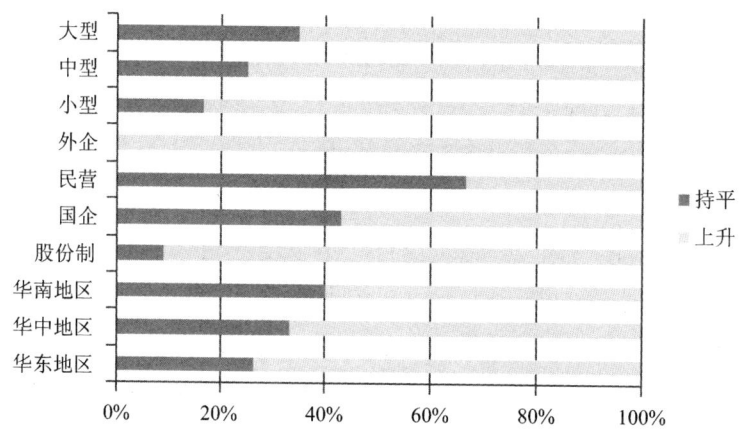

图3 第四季度不同规模、地区、类型企业对本企业经营情况的预期

2.3 具体经营指标分析

2012年第四季度,与旅游企业具体经营情况相关的十项指标的运行与三季度相比,以持平和增加为主。其中,营业收入、营业成本、员工工资和固定资产投入四项指标的增长速度明显。

2.3.1 企业具体经营指标分析

从就业情况的两项指标从业人员数和员工工资来看,半数企业认为从业人员人数将基本持平,多数企业认为员工工资会出现增加。有约43%的企业认为第四季度从业人员数量将上升,约57%的企业认为从业人员数量将基本持平。而员工工资方面,认为员工工资将增加的企业占97%,仅有3%的企业认为员工工资会持平。

从企业绩效的四个指标营业收入、营业成本、产品价格和利润水平来看,所有企业均认为营业收入和营业成本将出现增加,产品价格将持平;多数企业认为利润水平将持平。在营业收入方面,对营业收入持增加态度的企业由上季度的近七成上升至100%。在营业成本方面，认为成本将增加的企业比重由上季度的80%上升至100%。没有企业预计营业收入和营业成本将出现下降。在产品价格方面，全部企业均认为第四季度产品价格将与之前基本持平，较上一季度上升53.3个百分点，没有企业认为产品价格会出现下降。在利润水平方面，认为利润水平将出现增加的企业所占比重为6.67%，较上一季度下降约26.6个百分点。预计利润水平将持平的企业所占比重为93.33%，比上一季度高出约40个百分点。本季度没有企业预期利润会减少。由此可见，企业对2012年第四季度的各项经济指标评价较好，对第四季度的经营情况普遍看好。

从企业规模的三项指标预订人数、接待人数、固定资产投资情况看，企业对于预订人数和接待人数两方面的预期显著下降，对固定资产投资的预期继续上升。在预订人数方面，认为预订量会持平的企业占比为47%，较上季度增加了14个百分点，预期预订量减少的企业占比53%。没有企业预期第四季度预订人数会有较大增幅或增加，与上季度相比分别下降了6.7%和60%。在接待人数方面，6.7%的企业预计第四季度接待人数会出现增长，与上季度相比下降了46.6个百分点。93.3%的企业预期接待人数将持平，较上一季度增加了70个百分点。没有企业认为第四季度接待人数会出现较大增长或减少。数据表明，本季度旅游企业的客流量趋于上升，企业对旅游接待人数采取了相对保守的估计。在固定资产投资方面，本季度的固定资产投资预期依然保持在较高水平，97%的企业预期将增加固定资产投资，仅有3%的企业预期固定资产投资将持平，与第三季度基本一致。表明企业将进一步加强自身在固定资产方面的投入。

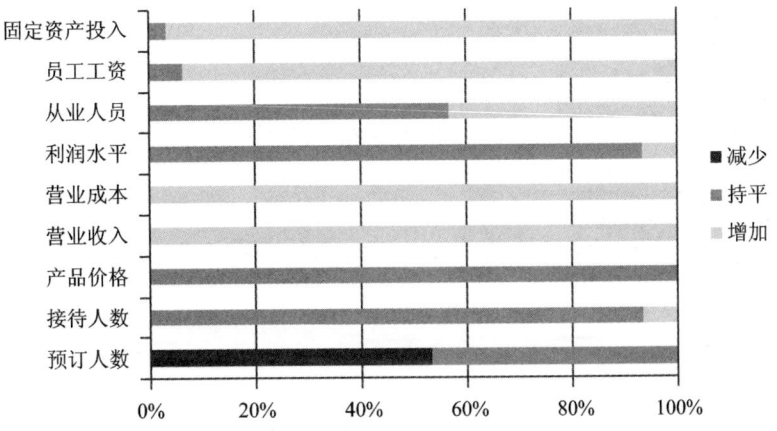

图4　2012年四季度与三季度相比综合旅游企业经营指标变动情况

2.3.2 不同规模、地区、类型企业具体经营指标分析

从企业规模看,大中小型企业经营状况较上一季度有所变化,中型企业依然表现最佳,大型企业和小型企业次之。在反映企业规模变化的固定资产投入、预订人数与接待人数三项指标中,大、中、小型企业的固定资产投入均以增加为主,约1/4的中型企业固定资产投入呈现持平。大、中、小型企业在预订人数方面选择持平和减少的各占总体的约50%。接待人数方面,大、中、小型企业均以持平为主。在反映企业绩效的产品价格、营业收入、营业成本以及利润水平四个指标中,大型企业和小型企业认为产品价格、营业收入、营业成本将会持平,利润水平以持平为主。中型企业在产品价格、营业收入、营业成本以及利润水平四个方面均以持平为主,但中型企业的利润水平高于大型企业和小型企业。

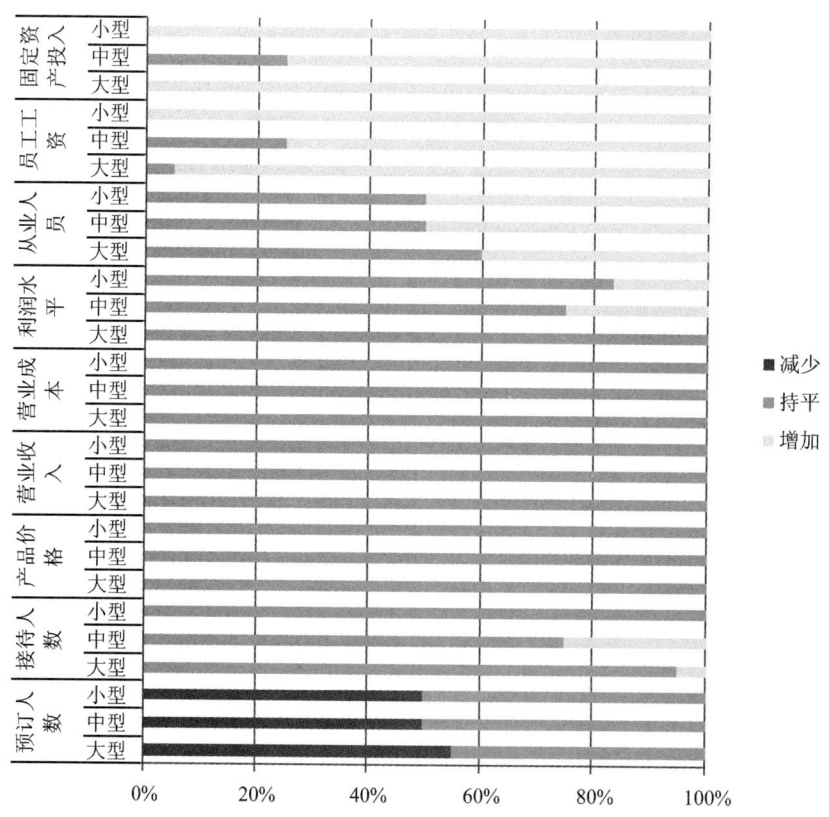

图5　第四季度不同规模的综合旅游企业同比经营指标变动情况

从不同地区的综合旅游企业来看,三大地区的企业各项指标以增加和持平为主,相对而言,华东地区企业的指标依然表现最佳。具体来说,在反映企业

规模的固定资产投入、预订人数以及接待人数这三个指标中,华东地区企业在预订人数与接待人数两方面高于华南和华中地区,且以持平为主。在固定资产投入方面,华东地区预计增长的企业占比为100%,高于华中地区。华中地区预订人数以减少为主,接待人数以持平为主,固定资产投入以增加为主。华南地区认为预订人数会减少的企业占六成,认为持平的企业占四成。接待人数以持平为主,固定投资预计增长的企业占比为100%。在其他反映就业情况与企业绩效的六个指标中,员工工资、营业成本和营业收入三项各地区皆以增加为主。在产品价格和从业人员数量方面,华东地区以持平和增加为主,华中地区和华南地区以持平为主。而利润水平方面,华东地区认为利润增加和持平的比例分别为10.5%和89.5%,华南和华中地区全部企业均认为利润将持平。本季度华南地区各项指标在三地区中基本居中,华中地区的预期依旧不如华东和华南。

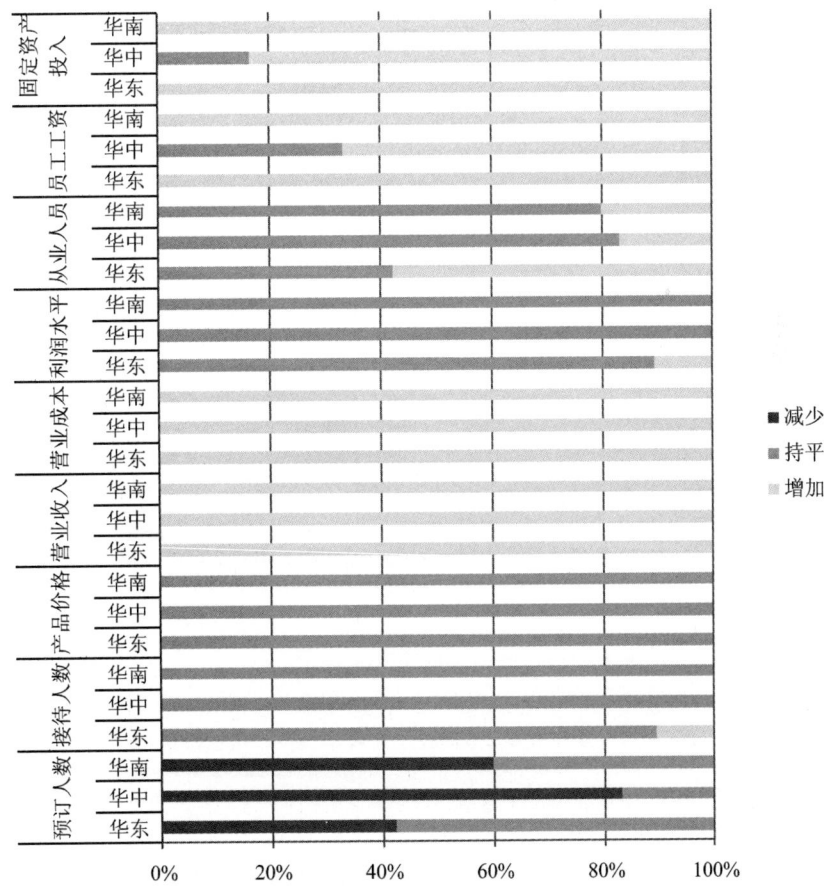

图6 第四季度不同地区的综合旅游企业同比经营指标变动情况

从不同类型企业看,本季度以外资企业预期表现最好,除接待人数和从业人数两项外,其余指标均高于或与其他类型企业持平。在产品价格、营业成本、营业收入三项指标中,所有企业均选择持平。在预订人数方面,股份制企业和外资企业以持平为主,国有企业和民营企业以减少为主。在接待人数方面,各类型企业均以持平为主。在利润水平方面,股份制企业和国有企业均选择持平,33%的民营企业和50%的外资企业选择利润增加。在从业人员人数方面,股份制企业和国有企业以持平为主,100%的民营企业和50%的外资企业选择人员增加。在员工工资和固定资产投资方面,各类型企业均以增加为主。

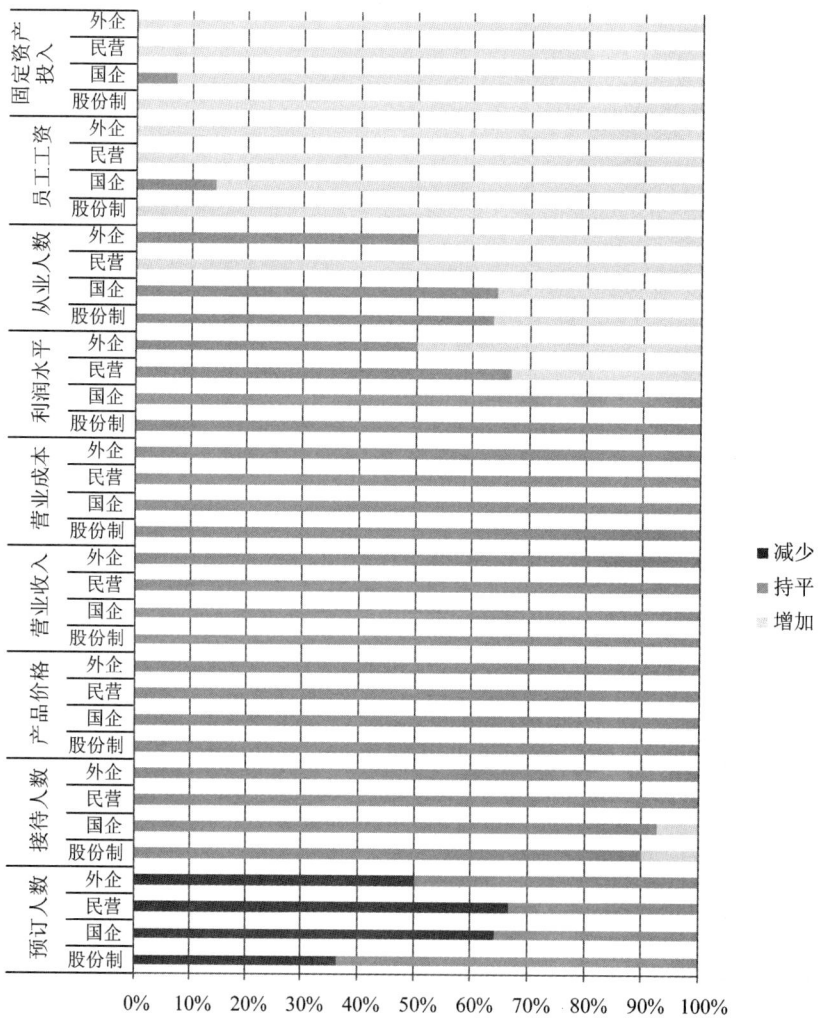

图7 第四季度不同类型的综合旅游企业同比经营指标变动情况

3 未来六个月综合旅游企业趋势预测

3.1 综合旅游企业对中国旅游业发展预期

3.1.1 对未来六个月旅游行业总体发展形势的预期

根据本季度的调研数据，企业对未来六个月的发展预期显著优于第三季度对第四季度的发展预期。所有企业均对未来六个月旅游行业总体发展持上升的积极态度。这一比例较上季度预期增加了53.3%。没有企业认为未来六个月会呈现下降或持平的发展趋势。总体来说，受访企业对未来六个月的预期较为乐观，一方面是由于元旦、春节黄金周将至，上半年小长假较多；另一方面则是与总体经济形势预期趋于良好、经济环境较稳定密切相关。

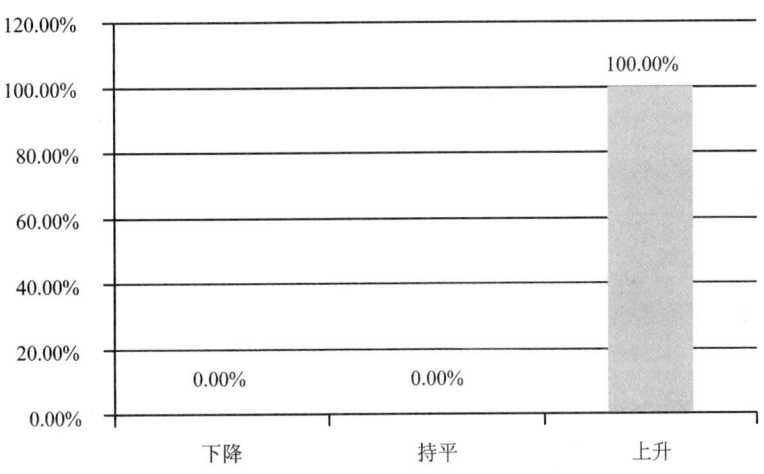

图 8 综合旅游企业对未来六个月旅游行业总体发展形势预期

3.1.2 对明年旅游行业总体发展形势的预期

本次受访旅游企业对明年旅游行业总体发展形势预期趋好。旅游企业对明年的发展形势预期均为上升，与上一季度相比上升了40%。旅游企业中既没有选择下降和较大下降的企业，也没有选择较大上升的企业，表明旅游企业对明年旅游行业的发展前景依然看好。

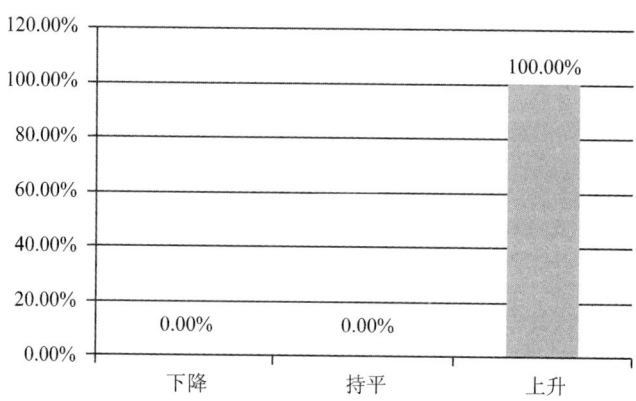

图9 综合旅游企业对明年总体发展形势预期

3.2 综合旅游企业对本企业经营状况预期

从综合旅游企业对本企业未来六个月和明年全年的经营状况预期来看，预期未来六个月本企业经营规模将出现增加的企业占70.0%，预期持平的企业占30%，没有预期较大增加或减少的企业；而预期明年全年的经营规模将出现增加的企业占30%，认为经营规模持平的企业占70%，没有企业持下降态度。虽然企业对自身明年全年的经营状况预期较为保守，但从未来六个月的经营预期可以看出企业对当前和今后的发展持有积极、乐观的态度。

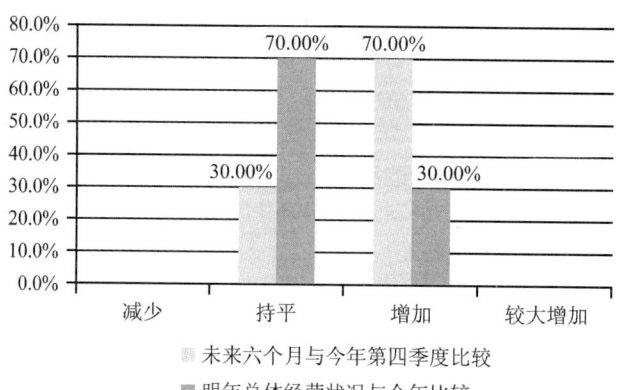

图10 综合旅游企业对本企业发展的预期

4 结论和建议

从第四季度调研的情况看,综合旅游企业的企业家信心指数与产业景气指数继续保持平稳增长的态势,持有乐观预期的企业比例比上一季度有进一步的提升。企业家对未来六个月的预期反映良好,对明年的行业整体状况持谨慎、乐观态度。项目组结合调研中发现的问题及当前国内外形势在此提出几点建议。

4.1 政府层面

受宏观经济筑底回升和节日因素带动的影响,第四季度我国旅游行业总体景气向好。综合旅游企业的景气水平有小幅提升,但区域发展受一些国际因素的影响较大。华东和华中地区本季度营业预期有所增长,但仍保持为较为景气。华中地区的预期比去年同期有所下降,但从长期上来说,由于华中和西部地区自然资源、民族资源和文化资源高度重合,发展潜力大。今年上半年以来,华中和西部地区各省旅游业保持高位增长的态势。因此,政府应加强区域旅游发展的统筹协调,推进符合国家战略的重点区域旅游加快发展。

4.2 企业层面

进入第四季度后,受季节因素影响,东北和华南地区旅游业开始进入旺季。员工人数应有所增长,员工工资也有所增加。但旅游业从业人员的流转率高,培训成本增加,企业要注意营业成本的增长与利润增长之间的协调发展。同时旅游中的诚信问题,以及从业人员服务水平等在近两个季度的调研中也多有提及。企业应加大提高员工素质的力度,提高整个行业的从业人员素质,使行业逐步向正规方向发展,创造优良的行业发展竞争环境。

责任编辑:孙延旭

图书在版编目(CIP)数据

中国旅游集团发展报告:中国旅游投资:主体、模式与业态.2012 / 中国旅游协会,中国旅游研究院著. —— 北京:旅游教育出版社,2013.11
ISBN 978 - 7 - 5637 - 2832 - 9

Ⅰ.①中… Ⅱ.①中… ②中… Ⅲ.①旅游业—投资—研究报告—中国—2012 Ⅳ.①F592.3

中国版本图书馆 CIP 数据核字(2013)第 274429 号

中国旅游集团发展报告2012
——中国旅游投资:主体、模式与业态
中国旅游协会 中国旅游研究院 著

出版单位	旅游教育出版社
地 址	北京市朝阳区定福庄南里1号
邮 编	100024
发行电话	(010)65778403 65728372 65767462(传真)
本社网址	www.tepcb.com
E - mail	tepfx@163.com
印刷单位	北京中科印刷有限公司
经销单位	新华书店
开 本	787毫米×1092毫米 1/16
印 张	11.125
字 数	150千字
版 次	2013年11月第1版
印 次	2013年11月第1次印刷
定 价	58.00元

(图书如有装订差错请与发行部联系)